未来が見えなくなったとき、僕たちは何を語ればいいのだろう

震災後日本の「コミュニティ再生」への挑戦

ボブ・スティルガー
野村恭彦 監訳
豊島瑞穂 訳

When We Cannot See the Future,
Where Do We Begin?

Finding Hope and Rebuilding Communities in Post-Disaster Japan

英治出版

未来が
見えなくなったとき、
僕たちは何を
語ればいいのだろう

この本を二〇一一年三月一一日の日本における震災で亡くなった方々と被災された方々に捧げる。

また、このすばらしい惑星の各地で災害に遭ったすべての人々に捧げたい。また、ホスト・ペアレントの中津川直人、中津川和子ご夫妻に捧げる。二人は、一九七〇年に初めてお会いしたときから、常に優しい愛情をもって僕を応援してくれた。そして妻のスーザン・ヴァーニグ、娘のアン・ルーシー・スティルガー・ヴァーニグ（アニー）に捧げる。これまで人生を共に歩み無条件の愛を僕に与え続けてくれた。

監訳者による序文

株式会社フューチャーセッションズ代表取締役　野村恭彦

この本は、ボブ・スティルガー氏という一人の米国人から見た、東日本大震災後の日本におけるコミュニティ再生の取り組みの記憶である。発災直後に日本を訪れたボブは、以後長きにわたって復興の現場、とくに現地の方々の対話の場に寄り添い、問いかけ、声なき声に耳を澄ませてきた。

ボブは、世界有数のファシリテーターである。これまで長年、ブラジル、南アフリカ、ジンバブエなど、世界中を飛び回り、人々が集まって自分たちの社会の問題について話し合う場をつくり、その地域の人々のリーダーシップを引き出すためのファシリテーションを続けてきた。「誰かが助けてくれる」のではなく、「自分たちが持っているもので変化を起こしていける」という意識と行動を生み出してきたのだ。それが地域の再生や社会の健全な発展にとって決定的に重要なのは言うまでもない。そしてそれは三・一一後の日本で切実に必要とされ、今も必要とされているものだ。

ファシリテーターという同じ仕事をしている者として、私がボブの最大の強みとして疑わないのは、問いかける力である。それは、問いをつくる力と呼んでもいい。

たとえば、一日のセッションのはじまりに、「今日一日が終わってこの部屋を出るとき、あなたは、どんな自分になっていたいですか?」と問いかけられたことを想像してみてほしい。「今日は何を学びたいですか?」という問いかけとは、まったく違うレベルの想像力の扉を開いてくれると思う。気持ちを自分自身の心に向かわせ、課題を自分ゴトとして考え、自分の言葉で応えようと思わせる問いかけ。それは、正解を求める問いとは、まったく異なる質のコミュニケーションを呼び起こす。

人々が集まって問題を話し合ったり、アイデアを出し合ったりする場で、ファシリテーターの存在が意味を持つのは、このような問いかけにおいてだと言える。皆で力を合わせて問題を解決しなければならないとわかっていても、率直に意見を言い合えない、感情的に対立して行き詰まる、温度差があり足並みがそろわない、といったケースは少なくない。そういうとき、適切な問いかけが状況を打開することがある。率直な対話が生まれ、考え方の違いを乗り越え、ともに進むべき道を模索する。そこから、地に足のついた社会変革が始まる。

ボブが震災後の四年間取り組んできたのはそういうことであり、この本は自身の体験を通し社会変革のステップやその指針を示したものでもある。いま、復興という文脈に限らず、日本全国のあらゆる地域で、対話と協業によるまちづくりが進められている。自分たちの地域、自分たちの社会をよりよいものにしていこうと取り組む人たちにとって、本書には多くの示唆があるだろう。

ボブは対話の場づくりを通して無数の人々に影響を与えてきた。適切な問いかけと真摯な対話によって、自分自身に向き合い、考え方を前向きに転換し、ためらっていた一歩を踏み出すことができたという人は多いだろう。私自身、ボブから大きな影響を受けてきた。そのことに触れておきたい。

ボブは、私の人生の羅針盤である。彼は日本にやってくるたびに、とても影響力のある言葉をかけてくれる。その言葉に、私の心は何度も震え、そのたびに私の人生はまったく異なる視野を得ることになった。

富士ゼロックスKDI（Knowledge Dynamics Initiative）で日本企業のイノベーション能力向上をめざして活動していたころ、私は各国の地域開発の現場で活動してきたというボブと出会った。はじめて会ったとき、彼は私に思いがけないことを言った。「君が日本企業に対してやっている活動は、私が途上国の貧困地域でリーダーシップを高めるためにやっている活動と、本質的に同じだ」と言ったのだ。地域開発や非営利事業といったものに縁のなかった私には意外な発言だった。「人々に、この問題は自分たちで解決できると信じ、一歩踏み出す勇気を与える仕事をしている。国もセクターも異なっているが、これほどにも同じ仕事をしている人と出会うとは面白い」。

その日から、私が企業のイノベーション能力を高めるために推進していた「フューチャーセンター」の取り組みは、よりよい社会をつくるための参加型イノベーションの推進活動となった。そう捉え直すと、私自身の仕事を通して見える社会の風景は、まったく違うものになっていた。

その後、企業変革の文脈でボブを何度か日本に招聘し交流を深めた。そのプロセスを通して、ボブ特有の信頼感を高める場づくり、人の心を開かせ深く考えさせる問いかけの力を学んだ。ボブが部屋に入ってくるだけで、場が華やぐ。ボブが話を始めると、場が彼の言葉に耳を澄ます。ボブが大声で笑うと、場にいる誰もが楽しくなる。そんなボブの、理論に裏打ちされたスキルと在り方が、私自身の仕事と人生に大きな影響を与えた。

そして、三・一一の東日本大震災である。この本にあるように、ボブは私たちにすぐに連絡をくれた。ボブのすごいところは、日本にいる誰よりも大きな視点で、この未曾有の大災害の本質を即座に見極めたことだ。彼が最初に私に言った言葉は、「日本の成功の定義が変わる」であった。この洞察は、今でも本当に正しく、同時に今でも私たちが理解しきれていないことかもしれない。「日本をただ元に戻そうとしてはいけない。新しい日本を再創造しなければならない。そこに世界が注目している」。そう言って彼は、すぐに日本に飛んで来た。これが、ボブが私の人生に与えた、二度目の大きな影響である。私はこの年の五月、ボブと一緒に、さまざまな立場の人々が集まって社会課題を考えるイベント「フューチャーセッション・ウィーク」をスタートさせた。それ以来、このイベントは毎年欠かさず続いている。

社会の「再創造」へのボブの想いは、本書に熱くつづられている通り、本当に強いものだった。彼はたびたび来日しては長期間滞在し、いくつもの対話の場を生み出していった。二〇一一年の年末、ボブと私は、東北各地での市民対話から多くの協調アクションが生まれていることを喜び、次のステージに進むための議論をしていた。そのときボブはまた、私の人生を大きく変える言葉を放った。「日本各地で、たくさんのフューチャーセンターを創る準備ができている。ただ懸念していることは、君が企業にいるために、フューチャーセンターのノウハウが日本中に広がるスピードが遅いということだ」。ボブが米国に戻る前日、私たちは田町駅のスターバックスで、どうしたら社会変容を加速することができるか、延々と議論を続けた。私は、「新しい組織が一つ立ち上がったくらいでは、社会は変わらない」と何度も彼にぶつけた。自分自身の答えを見つけるために。ボブはなぜ私がそんなことを繰り返すのか分からず、「会社を辞める気はないのだろう」と思っていたという。だからその数日後、私から「独立して、フューチャーセンターを全国に普及させるための新会社を立ち上げる」というメールを受け取ったときは面食らったそうだ。ボブは決して私に会社を辞めろと言ったつもりはないという。だが、ボブの導きに従って、私は自分自身をこの社会のために、最大に役立てるために何をすべきか、学んでいたのだ。

私たちには、「震災を経験した日本は世界に何を示すのか」というボブからの問いかけに、真摯に応えていく義務がある。そのためにもぜひ、ボブの目から見た復興の現場で起きた「新しい物語」に耳を澄ませてほしい。新しい物語とは、今までになかったグッドストーリーのことである。皆が知ることで、新しい文化や習慣が広がっていく、その原型となるものである。私たちは、復興の過程で生み出された新しい物語を認識し、それを社会全体に広げていくことで、新しい時代の社会システムを創造していかなければならない。それが、次の世代に対する私たちの責任なのである。

ボブが繰り返し示してくれる明確な思想がある。それは、ないものに焦点を当てるのではなく、あるものに焦点を当てるということだ。解決策がない、リーダーシップがない、専門家がいない、資金がない、といった視点からは、社会変革は起きない。

社会変革が起きるのは、私たちが自分たちの持っているものに気づいたときである。自分たちには強みがある、仲間がいる、それぞれが持つ知識がある、そして何よりコミットメントがある。

そう自分たちの組織や地域を信じることができたとき、変化は起きる。そのような社会変革の最小単位のチームをつくるところから、ボブの言う社会変革は始まる。ゴールは、社会を構成するすべての人々が、自分自身の属する社会に対してリーダーシップを発揮する状態である。

ファシリテーターの仕事の本質は、一つひとつの社会問題を解決する行為ではなく、社会の構成員が自分たち自身で社会問題を継続的に解決していけるリーダーシップを育成することである。このことを理解すると、なぜボブが日本の復興のなかに、世界が学ぶものがあると信じているかが分かるはずである。グローバル社会は、単純には解決できない複雑な問題にあふれている。だからこそ、これからの時代に求められるグローバルリーダーの資質は、一人ひとりの勇気と能力を引き出す、ファシリタ－ター型のリーダーシップなのである。ボブは、日本に市民対話で社会を再創造するモデルケースが生まれると信じているのだ。

ボブの珠玉の言葉は、私たち個人がどう生きるべきか、私たちのコミュニティをどう創るべきか、そして私たちの日本をどんな社会にしていくべきか、つねに多くの示唆を与えてくれる。彼の存在は、日本の宝である。私は、そう信じている。

この本を読んだ方々に、ぜひ身近な人と対話を深める機会をつくってもらいたいと考え、巻末に問いかけ集「パワフル・クエスチョン」を用意した。大事な人と、照れずに向かい合って、大切な話をしてみてほしい。

社会を変えようと活動しているすべての方々に、この本を読んでいただきたい。まちづくりや地域活性化、社会問題の解決に取り組む市民やNPOの皆さんに、読んでいただきたい。中央政府の官僚の皆さん、自治体で働く職員の皆さん、政治家の皆さんにもぜひ、読んでいただきたい。日本の未来の姿を考えるヒントがたくさん得られると思う。企業の経営者、経営幹部、企画スタッフの皆さんにも、ぜひ読んでいただきたい。企業のあるべき姿、企業が社会に対してできることを考える上で、多くのヒントが得られると思う。

ボブが震災後、最初に私に言ったのは「日本の成功の定義が変わる」ということだった。経済成長が過去の成功の定義ならば、新しい成功の定義は何だろうか。複雑な問題を抱え、多様な人々が生きるこの社会で、問題解決を越えて、社会の新たな成功の定義を示すにはどうしたらいいのだろうか。この世界最大の難問の答えが、東日本大震災からの復興のプロセスの中に隠されているとするならば、それは何か。こういったさまざまな問いをもって、ぜひこの本を読み進めてもらいたい。

なぜ、ボブは日本に関わり続けたのか。それは、世界が学ぶべき「新しい物語」が日本に生まれることを感じたからである。ボブは、さまざまな形で日本の新しい物語を世界に発信しようとしている。その新しい物語が、世界の新しい社会の原型として本物になるかどうかは、私たち自身が日本社会をどこに向かわせようとしているかにかかっている。その責任は果てしなく重い。

さあ、たくさんの問いをもって読み始めよう。そして、この本を持っている人に出会ったら、その場で対話を始めてほしい。この本が、あなた自身の「新しい物語」を発見する手助けとなることを心から願って。

※原注は該当箇所に番号を振り、巻末にまとめて掲載した。
※訳注は該当箇所に＊印をつけ左ページ余白に掲載した。

1

Introduction

イントロダクション

二〇一一年三月一一日。家の電話が鳴る。外は漆黒の闇。米国ワシントン州スポケーンは夜明け前だった。飛び起きて応答すると、ニュージーランドにいる娘、アニーの取り乱した声がした。

「みんな大丈夫なの⁉　おばあちゃん、おじいちゃんは⁉　どうなの⁉」

僕は聞き返す。

「何の話だい？」

こうしてこの物語は始まる。

数時間前、日本は三重苦の災害に見舞われていた。地震、津波、そして放射能。ニュース速報は追いついていない。アニーは僕たちが長年お世話になっている日本の「おじいちゃん」たちを案じたのだった。被害に見舞われた東北地方から、五〇〇キロ離れた京都に彼らは住んでいたが、そのときは状況がわからなかった。


三週間後、僕は日本に到着した。

この頃のことを覚えているだろうか？　ふつうの静けさではない。ほとんど不気味な静けさが空気に立ちこめていた。成田空港に降り立つや否やそれを感じた。抑えた照明、動かないエレベーター。それだけではない。何もかも違っていた。六本木方面のバスで宿泊先のホテルに向かうにつれ、ますますこの感覚は強まった。暗い。明かりも乏しい。人通りもまばらだ。星明かりだけが頭上にあった。

その数週間後に東北から何百キロも離れている四国のテレビ局の重役が語った言葉を思い出す。

「私は……日本は終わったと思いましたね。国がなくなると」

日本中、そんな空気だった。

悲劇の規模に圧倒された。理解を超えていた。僕自身パニックに襲われそうだった。足下から大地が崩れ去る心地だ。それも幾度となく。

僕が日本に来たのは、もともとファシリテーターとしての仕事が東京で予定されていたためもあったが、むしろ、このなじみ深い国の悲劇の知らせにいても立ってもいられなかったと言うほうがいいかもしれない。四月六日に到着するとすぐに、友人や仕事の盟友たちと山梨県の清里高原にある宿泊・研修施設「清泉寮」に集まった。気持ちを分かち合い、できることを考えようと。

清泉寮は公益財団法人キープ協会(1)が運営する施設で、僕もワークショップなどで何度か利用している。当時、協会に勤めていた山本真さんは、震災直後から支援に動いた。居場所をなくした被災者のために施設を避難先として提供しようと考えたのだ。被災地の状況を確認し、清里への避難を希望する人を探すため、協会の若手職員二名が福島に向かった。東北で最大の緊急避難センターとなっていた「ビッグパレットふくしま」で、身を寄せ合っている被災者二〇〇〇人に協会の若手職員は呼びかけたという。

「僕と一緒に清里に行きませんか。暖かなベッドもあります。すばらしい温泉も、おいしい食べ物だってあります」

しかし、一緒に来た人は少なかったという。行けば、ビッグパレットにおける自分たちの場所はなくなってしまう。その後どこに行けばよいのか？　不安要素ばかりだ。

数週間前まで、二〇〇〇人の人々は人生を満喫していた。堅固で、有能で、独立した日常を過ごしていた。今は肩を寄せ合い、誰かがおにぎりを持ってきてくれるのを毎日待つ。過去が消滅した。思いもよらなかった今だ。未来は見えない。

災害は東北で起きたが、その激震は北海道から沖縄まで拡がった。国全体がショックと疑念に包まれていた。

裂け目と光

四月八日、僕はファシリテーターとして社会・組織のイノベーションの創出に取り組む野村恭彦さんと、東京都港区でビジネスマン対象のフューチャーセッション(2)*を実施した。何ヶ月も前から予定されていた、もともとは新しい未来型のビジネスの在り方を探るセッションだった。震災を受け、僕たちはキャンセルすることも考えたが、結局は、前にも増して今こそ必要であると結論した。

会場に集まった人たちは感情を抑えていた。人と話す心の準備があるのか思いあぐねながら。重苦しい空気の中、話の糸口をつかむのがとても難しく、互いに用心深く対峙していた。僕は野村さんとともに言葉を選んで参加者に問いかけた。震災によって多くのものが変わってしまったこと、変わらざるをえないこと。この状況にどう向き合えばいいのだろう。

三時間後。会場は興奮に包まれていた。その変化は信じられないものだった。心を鎮め、僕は何が起きているのかを感じ取ろうとした。心の声がした。

〝僕たちはほしくなかった未来から解放されたのだ〟

災害の規模は想像を絶していた。二週間後、僕は三〇分近く瓦礫の中を車で移動しながら、女川町（宮城県牡鹿郡）のかつての姿を思いめぐらしていた。テレビやインターネットでいくつもの映像を見ていたが……その現実をまったく受けとめられなかった。

その一方で、不謹慎かもしれないが、僕の周りの人たちが、従来の在り方、やり方、そして未来についての考え方から、解放されたという感覚を見出しつつあることに僕は気づいていた。この激震は巨大な裂け目を開き――そこに、否応なく新しい光が射し込んでいる。

裂け目には直ちに、閉じようとする圧力がかかる――元に戻ろうとする力だ。しかし同時に、新しい可能性の感覚もある――これまでの「在り方」を続ける必要があるのか、という問いとして。何もかもこれでOK、という振りをする必要はないということは、事実上の解放感だ。

実際もうずっと前から、何もかもOK、ではなかったのだ。水面下では不満感が増していた。

＊　最適解のない複雑な問題を解決するために、企業・行政・NPOなどのセクターの壁、組織内の部署の壁、専門分野の壁など、立場の違いを超えた対話により、協調アクションを生み出す場。詳しくは第九章を参照。

二〇一〇年に、僕は日本各地で、アート・オブ・ホスティング(3)（場を設けるスキル）という対話の技法と手順一式を紹介するワークショップを主宰した。参加者は、より深い対話の新しい在り方を見出そうと熱意をもって取り組んでくれた。ワークショップでは、参加者それぞれの仕事観や働き方、夢などをテーマに対話を行った。全国津々浦々、多彩な対話があったが、いつも浮かび上がってきたのは、誰一人として自分の人生に満足していない、という事実なのだった。仕事時間が長過ぎる。やっていることがつまらない。満足感は少なく、ストレスは大きい。一方で、不満を言ってはみるが何か行動を起こすまでには至らないのも明白だった。環境を変えてみるのもいいだろう――しかしそれが彼らの望んでいることかと言えば、そうでもなかった。

一九九五年、神戸に阪神・淡路大震災が起きたときは時代が違った。ほとんどの人は当時、日本は大丈夫、と感じていた。

〝バブル経済は崩壊した。だがそれは、物質中心の繁栄の道を少し修復する必要があるということにすぎない。少し努力が必要かもしれない。でも大丈夫だ。多少の調整は必要かもしれないが、大枠で言えば、生活は悪くない……〟

ほとんどの人にとって、未来の方向性は、まだ過去五〇年間そうであったものと同じだった。

一生懸命働く
経済的成功を成し遂げる
繁栄する

人生はいいものだ（働けば働くほど）どんどんよくなる

その昔ながらの「平常」は、戻ろうと思えばなお、手の届くものだった。

それから一六年後、三重苦の災害に見舞われる頃の時代の空気には、不満があった。ますます多くの人々が、もはや別の何かを人生に望んでいた。遡って二〇〇九年、自由民主党が長年保ってきた与党の地位を失っていた。人々は変化を望んだのだ。しかしどんな変化がほしいかは、明確でなかったのかもしれない。ほどなく民主党は迷走を始め、人々の支持を失っていった。

二〇一一年三月一一日、時が止まった。そしてその時、人々はどんな人生を望むのか自問し始めた。

それからの三年間、私的な会話はもちろん公に開催したほとんどすべての対話の中で、人々が「幸福」について話すのを聞いた。それは、「裂け目が開き、新しい光が差し込む」現象と言える。新しい光はいまだ見ぬ景色を照らし出し、何が重要なのか、人生をどのように生きるのかという問いへと人々を誘っている。

私たちの物語を語る

四月半ば、女川町で僕は標高二〇メートルほどの丘の上の病院前に立っていた。美しい港を眺めた。

下に目をやれば惨状が広がっている。僕の横に、瓦礫を眺めている女性がいる。

「すぐそこのアパートに私の家があったの」

と彼女が言う。セメント基礎の残骸を指差しながら。

「何人か近所の人が、隣のあの建物の一階によじのぼって……」

隣は骨組みだけだ。かろうじて立っている残骸の一つだ。

「警報が聞こえたとき、私たちは丘を駆け上がって、そこの病院に逃げ込み、二階へ駆け上がったの。津波がやって来るのが見えた。近所の人をさらって行くのが見えた。病院の一階にも津波が上がってくるのが見えた。私は見ていた……」

注意深く彼女に聞いた。なぜこんな危険な場所を選んで住んでいたのかと。

「だって、とってもきれいだったのよ。暑い夏の日にはそよ風が吹きわたって。まさかこんなことが起こるなんて想像も……」

予想もしなかったことが起きたとき、我々はどうするだろう？　たとえば、国の経済が破綻したようなとき、我々はどうするのだろう？　あるいは個人レベルで、突然失職し収入が途絶えたら……？　津波が襲ってきて、家はもちろん、ほとんど跡形もなく、町も愛する人たちも流されてしまったら……？　医療を提供していた病院が突然閉鎖を告知したら、我々はどこに駆け込んだらいいのだろう？

互いに向き合う。話をする、そして聴く。悲しむ。我々は持っているものを見極め、再び立て直すために持っている資源を利用する。境界なき可能性、および途方もない喪失の渦の中、そこに自分たちが見える。再開の場所を見つける。そして新しい道を創る、一歩また一歩と……。

それがあの日以来、日本の東北地方で起きていることだ。僕は何百人もの方々から、どのように生活を立て直していったか、話をうかがう貴重な機会をいただいた。僕と仲間は、人々が集まれる場をつくり、それぞれの喪失について、またこれからどこへ向かうのかについて、互いに話せる場を設けてきた。想像を絶することが起きた後、新しい生活をどのように立て直すのか、人々が互いに学び合う過程に関わってきて、僕は思う。

我々は共に、コミュニティを蘇らせる道を学んでいくのだ。


辛い時だった。しかし、悲しみと喪失感を抱きながら、人々は形式と慣習から解放されもした。人生の根本的なところを問い始めている人もいる。突如として、従来の生活様式が消失する。新しい方法が創られなければならない、今！　そこに対話が起こる――深く、敬意のこもった会話である。人々は、必要な未来を共に創造しようというとき、互いに集まる。アイデアを求め、情報、模範となるもの、新しい可能性を探る。そこに新しい関係が始まる。

これは我々の物語だ。どこにでもいる人たちの物語だから「我々の」物語なのだ。この困難な世界で、人生に意味を求め、取り組む人たちの物語だ。コミュニティや組織の中で、「先」へ至る新たな道を見つけるために、共に仲間に出会っていく物語だ。時にそれは、その「先」とはどこなのかを見出していくところから始まる。これは東北で生まれている話だが、日本全域の、さらには世界全体にもつながっている。これは我々すべてが共に創っていく物語なのだ。僕は、ささやかな語り部に過ぎない。それを分かち合うこの機会に恵まれた者として。

実はこれを書き始めたとき、少し怖れがあった。「外人」である僕が、いったいどんな権利をもって語れるのだろう？　これはしかし、どうして語らずにいられるだろうか、と問う方がいい。内にふつふつと湧いてくるこの想いを、分かち合わないでいられるだろうか？　ささやかな僕の人生で出会った、数え切れないほど多くの普通の人たちから教えられた知恵を。朝、ベッドから起き上がり、道を求めて世界へ踏み出す人たちの、その高潔さと誠実さを。

ある意味で、僕が感じたその恐怖がこの著作の真ん中にある――何か言うべきことがあると思う僕は何者なのか？　立ち上がり、僕が見たり聞いたりしたことを声にする僕は何者か？

もし僕がしないなら、誰がするのか？　僕が確信と勇気を持たず、言葉を紡がずにいたら、誰がするのか？　この物語を織りなすすべての人たちとともに、僕もまた立ち上がらなければならない。一人で立ち上がり、皆と共に立っている。コミュニティが日常を取り戻すしなやかさ《レジリエンス》がそこに見える。これは日本で誕生したメタ・ストーリー*だ。人々は至る所で立ち上がり、そして一緒に立っている。混沌としている。指揮系統はない。どうしたらそれで違う未来につながるのか、気づくのは難しい。ただ、人生はそうやって進むものだ。マスタープランはなく、人のつながり《コミュニティ》は次第に、より深い人生へとつながっていく。なぜなら、人は互いを見出し合うことで、新しい可能性を築いていくからだ。

日本への扉――僕自身について

多彩な物語の語り部を務めるにあたり、日本にいる僕の友人たちは、まず僕自身のことを語るべきだ、と言った。正直に言って、それはちょっと恥ずかしい。僕の人生が恥ずかしいのではなく、私的な事柄をあれこれ語るのが。にもかかわらず書くことにしたのは、読者の皆さんに、僕が何者なのか、そしてどのようにして僕が日本に呼ばれ活動することになったのかを、わかっていただきたいからだ。

僕は、米国オレゴン州ポートランド出身だ。実家は裕福とはいえなかった。父は地元の地方公共事業の樹木伐採人、母は専業主婦だった。一年半早く生まれた兄がいる。母はチェロキーインディアンとアイルランドの血筋で、父はプロイセンと英国の家系だった。

両親は、僕に無条件の支援を与えてくれた。学歴は高くはなかった――父は高校二年でドロップアウト、母は高校卒。難しい言葉はあまり使わない人たちだったが、その人生を通して深い愛と絶対的な支援をもって、僕の人生のどんなことにも理解を示してくれた。

裕福ではなかったために、僕は早くから働き始めた。八歳か九歳の頃には夏になると早朝に起き

＊　複数の並存するストーリーを包摂する、より上位の視座でとらえられるストーリーのこと。

だし、バスに乗って青豆やイチゴを摘みに出かけた。一〇歳になる前には、そういう仕事はもうしたくないと思っていた。幸い門が開かれた。九歳のとき、僕はオレゴン科学産業博物館（ＯＭＳＩ）で公開講座に参加した。そのときの先生が後に、博物館の教育副部長となった。ある日、近所に住んでいる彼を見かけたとき、僕は走り寄って言った。

「ビックスビィさん！　博物館に僕ができる仕事はありませんか？」

彼はちょっと考える顔つきをした。そして言った。

「そうだね、あると思うよ……」

こうして博物館での仕事が始まった。僕はビラ配りからキャリアをスタートした。ポートランド動物園から駐車場を超えて博物館に来てもらうよう誘うのだ。報酬は一時間で五〇セント。

結局そこで一五年間働いた――僕にとって初めてのＮＰＯだ。当時は、コラボレーションとかイノベーション、起業家精神といった言葉は使っていなかったが、自然にそれを行っていた。ＯＭＳＩは米国で最も進んだ科学博物館の一つだったが、それを創っていたのは普通の人々だ。一九五〇年代後半、ちょうど僕の職務が始まる前、ＯＭＳＩはその新しい施設のためにエグゼクティブ・ディレクターを募集した。多くの理事は「ハクがつく」という理由で科学者に来てもらいたがっていたが、ただ一人、ポートランド公立学校協会の科学教育ディレクターが言った。

「必要なのは、人々に耳を傾けることを知っている人だ」

やがて理事会は彼に賛同し、その仕事はオレゴン海岸にある小さな町の町長にオファーされた。ローレン・マッキンリーは、実際、人々に耳を傾けることを心得ていた。僕は一五年間彼のそばで働き、重要なことをいくつも学んだ。博物館運営のほとんどすべての側面に携わった——講座、科学キャンプの企画、一日マネージャー、ファンドレイジング。僕が一〇代の頃、博物館は農業館を新設したため、資金を必要としていた。ファンドレイジングのためのオークションが成功した。ビジネスセクターが商品やサービスを寄付し、オークションパーティで人々が競り落とすのだ。時にものすごい値段がつく。ローレンと僕はオレゴン州の各地を旅して回り、オークションを開催した。

　当時——今もだが——ポートランドの都会では、「田舎」の人々のことを少し保守的で遅れていると思っていた。東京の人が東北の人に対して持つ「決めつけ」に少し似ている。しかし僕がオレゴン各地で何百人もの「田舎」の人たちと仕事をして発見したのは、彼らは親切で思慮深いということだ。友好的で、ひたむきで、手応えある人生を生きる普通の人々だった。

　これは僕の人生の鍵となる学びだった。世界は心ある普通の人々で満ちている。お金持ちもいれば貧しい人もいる。ひととおり教育を受けた人もいれば、そうでない人もいる。大都会に住む者もいれば地方に住む人もいる。ほとんどは親切で、ほんの少しだけひどい人がいる——しかしそれはお金や教育の多寡によるものではない。住む場所も関係ない。心ある人々《グッドピープル》はどこにでもいる。博物館での仕事は、敬意、好奇心、そして寛容さをもって人々に向き合うことを僕に教えてくれた——良いコミュニティにとって欠かせないことだ。

　一九七〇年、カレッジの最終学年で僕は初めて日本に来て、早稲田大学の国際部に通った。日本に対して深い情熱を持っていたから来た、と言えたらいいのだが、実のところはベトナム戦争に強く抵抗していたからだ。米国のカンボジアへの侵略と、ケント州立大学における州兵による四人の学生殺害*の後、僕は変化を生み出そうという僕の努力がまったく役に立っていないように感じていた。国を出たかった。

一〇年前の博物館の仕事と同様に、日本への扉が開かれた。僕の人生には幸運にも開かれるドアが実にたくさんある。自分の人生に十分な注意を払っているならば、目には見えない宇宙の力が、ドアを見えるものにしてくれる。僕はそのドアを見つけ、通っていく。

日本に到着するや否や、こうした奇跡が重ねて起こった。ほとんど直ちに、自分が日本の文化に引きつけられるのを感じた。それから、京都に滞在する友人への訪問が、僕の心の祖父となる人とその家族を紹介してくれた。彼は七一歳で僕は二一歳だった。「おじいちゃん」は一七年後に他界するまで僕のよりどころであり師だった。今でもなお僕と共に彼は在る。日本にいる間に、ミネソタ州から来た女性、スーザン・ヴァーニグに会った。七年後に僕を夫にした人だ。九年後には娘のアニーが生まれた。娘にとっての祖父とは、僕の「おじいちゃん」の息子さんだけだ。両家の交流はそれから四四年間、日本、ワシントン州、ハワイを舞台に、深く織りなされてきた。

日本は僕にとって、人生の調和を探しに出かけ、魂を取り戻した地だ。春夏秋冬これまで幾度となく、京都の北に位置する比叡山の麓、坂の上の詩仙堂に向かい、哲学の道から南禅寺へと赴いた。折々、僕のホストペアレントの家から遠くない、伏見稲荷大社を擁する丘の頂上へ登った。そしてまた、龍安寺の静かな美、その静寂がしきりに僕を誘う。

コミュニティの未来をつくる仕事

日本を行き来する歳月の中、スーザンと僕は一九七四年、仲間と共にノースウエスト・リージョナル・ファシリテーターズというNPOを創設した。米国の地域開発を手がける先駆的な団体の一つだ。僕たちは創造的かつ革新的に取り組み、人々に一体となってどんなコミュニティが必要なのかを考えてもらった。人々のより良い暮らしを支援するために尽力した。それなりの社会的評価もいただいた。

一方で僕は、地域開発に用いるアプローチが、実際は水面下のパターンを変容させていないことに気づいた。多くの人々の生活はますます困難だった。新たな見識やアプローチを求めて、僕はCIIS大学院（カリフォルニア・インスティチュート・オブ・インテグラル・スタディーズ）の博士課程に入り、「ヒューマン・システムにおける変化と学び」の研究を始めた。それは予期しなかった道を僕に示した。それまでの経験をはるかに超える世界観やツール、アプローチの数々に触れたのだ。

すべてが変容し始めたのは、三〇年来の親友ロバート・テオボールドが、「調子はどうだい？」と電話で尋ねてきた時からだった。ひとしきり愚痴を言ってから、今度は彼の毎日を尋ねた。静かな声で彼が言った。

＊　一九七〇年、ケント州立大学構内で行われたベトナム反戦デモにおいて警備の州兵が発砲、四人の学生が死亡し大きな社会問題となった。

「それが……あまり良くないんだ。ちょうど今日の午後、食道にがんがあるってわかったところなんだ」

一五年以上経った今でも、これを書きながら涙が出てくる。スーザンと僕はロバートに、スポケーンに引っ越してくるよう勧めた。人生と仕事を仕上げるために。彼は僕たちの家から徒歩一〇分のアパートに引っ越してくれた。張りつめた、そして癒やしの日々だった。僕の心臓は幾度となくはり裂けそうになりながら、どんどん世界に開かれていった。生と死についてたくさんの本を読み、オーガナイザーとしてロバートを取り巻くコミュニティの縦糸と横糸を紡いだ。親密な六人に声をかけ、ロバートのために「癒やしの輪《ヒーリング・サークル》」を始めた。輪になって二時間座る。最初のサークルで僕たちは、それが僕たち一人ひとりのための癒やしであることを理解した。二年間——ロバートの残りの時間、僕たちは毎週サークルで会った。互いにおいて今ここに在ること。そして自分自身において。僕たちの目的はただ、聞き合い、自分自身の真実を語ることだけだった。互いを縛ることなく、互いの現存を感じること……。

ロバートの死からもう一五年になるが、同じサークルで集まり続けている。毎月か隔月だ。その輪は、僕たちそれぞれの人生に深い変容をもたらした。それは今ここに在ることと、生きていることに関して、僕が知る基本的なことのほとんどを教えてくれた。そうして僕は、悲しみと喜びについて学び始めた。ロバートとの最後の日々は、喜びと苦悩の日々だった。その中で僕は、二五年間携わった慣れ親しんだ非営利事業の世界から踏み出す勇気を持つに至った。ロバートの死は僕自身の再生への扉だった。

二〇〇〇年初頭、僕はベルカナ研究所(4)の一員となった。そこで、リーダーシップと、人々がしなやかで健全なコミュニティを創造するための支援について学びなおして一〇年を過ごした。マーガレット・ウィートリーの後を継いで、デボラ・フリーズとともにベルカナ研究所の共同代表を務めた。当時の主な仕事は、ジンバブエ、南アフリカ、ブラジル、そしてインドの人々との仕事だった。自分たちに必要な社会を創り始めた人々との仕事だ。僕の役割は耳を傾けること、質問をすること、そしてきわめて稀《まれ》だがアドバイスをすることだった。各地で起きていることを知り、それが我々にとって何を意味するのかを理解することが僕の任務だった。この世界に変革を起こすには、何が必要なのか？　それを理解するために各地を訪れ、いつも三〜六週間ほど滞在した。世界中で新しい精神が誕生しつつあった。自分自身のリーダーシップで前に進もうとする、心の声に従う新しい人々が各地に現れていた。世界中の何百ものすばらしい人々との協働から、コミュニティにおける僕の仕事を導く原則が生まれた。

- あらゆるコミュニティはリーダーに満ちている
- 何であれ、コミュニティの中に答えはある
- 誰も待たなくてよい。いま改善するための資源はすでにあるのだから
- 明確な方向感覚が必要だ。エレガントで最小限のステップで進むために
- 一度に一つずつ進める。歩むことで道を創りながら
- 局地的な仕事は、世界の同種の仕事とつながれば社会的変容へと深化する

二〇〇九年、米国経済の不調に伴い、受けられる経済的支援が減少したベルカナ研究所は自己組織体制へ移行し、共同代表としての僕のポストも消滅した。ロバートの死から一〇年、僕はさらなる自己発見の旅へ押し出された。システム・シンキングの国際会議「ペガサス・カンファレンス」に出席し、日本から二〇人以上が来ていることに気づいて驚いた。話をし、傾聴し、そして思いを巡らせた。西村勇哉さんから、僕の仕事を日本に導入することを提案された。二年後にNPO法人ミラック*を設立した人物だ。世界のあちこちでしてきた仕事を「家」に持ち帰りたい思いはあったが、それが日本になるとは……予想していなかった。人生の新たな幕開けだった……。

この本は、東北および日本各地の偉大な普通の人々との計り知れない時間から学んだことを書き記すものだ。そこにはまた、米国での僕の仕事や、健全でしなやかなコミュニティを構想し建設している世界各国の何千人もの人々と暮らし、学んだことも含まれている。

この数年の僕の旅を共にたどっていただきたい。本当の変化を起こすのに必要十分な創意や、僕自身の不確実さや、洞察、問いの数々も、一緒に分かち合いたい。これは僕を信頼してくれた人々が語ってくれた物語だ。

二〇一一年のその日以来多くの人がしてきたように、僕も自分のできることをしてきた。一歩一歩、前へ進む道を見出しながら。本来は、その年の四月から二ヶ月間、その前年の日本での学びを探求するために来日する予定だった。だが三・一一で予定が変わった。ただ進むべき道を見つけることだけが必要だった。僕が所属するNPO、ベルカナ研究所とニュー・ストーリーズ(5)への寄付により経費を賄い、僕の時間を捧げることにした。二〇一一年と一二年の僕のほとんどの時間は奉仕である。それぞれ六ヶ月ほどを日本で過ごした。米国の財団ギブ・トゥ・アジアからもいくらかの支援を受けた。

多くの時間をこの仕事に費やした。一つには、僕の日本を愛する心から。もう一つは、この地で我々が行っていることは、東北にのみ重要なのではないと信じるからだ。そうではなくて、日本全体そして世界にとって重要だ。我々が学んでいることは、誰もが人として持つ再生力《レジリエンス》についてであり、それがコミュニティと命をつなぐのだ。我々が学んでいるのは、今ここにあるものを使って、よりよい未来をともに創る道である。

この本を書くにあたり、深い畏怖の気持ちを覚えた。見えること、感じることをきちんと表現できるかわからないのだ。何週間も書いては消し、消しては書いた。どのように始めたらよいのかわからなかった。友人たちは、「ただ、思うことを書きなさい」と言った。言うはやすしだ！　だがある日、自転車に乗っていたとき、突然ささやく声がした。

〝おまえの過ごした日々を物語ればいい〟

その時、道が開けるのが見えた……。

＊ Emerging Future we already have（既に在る未来を実現する）をテーマに、社会起業家、企業、NPO、行政、大学など異なる立場の間に協力を生み出し、より良い社会に向けたイノベーションを生み出すことに取り組む非営利組織。

2

About
This Book

本書について

本書は日本の読者に向けて書かれた。日本国外の方々のために、同素材に基づく他言語版も考えている。しかしまずは、日本と日本の文化に僕の焦点はある。これは新しい未来を創造する日本の方々に向けた本だ。登場する方々は実におもしろい顔ぶれだ——学生、ビジネスマン、主婦／主夫、失業者、農家、大学職員、政府職員、起業家、ＮＰＯ職員、公務員、若者、お年寄り。女性、男性、また少しガイジンもいる！　だから要するに、変化を起こす仕事をする、あらゆる人々に向けて発信するものだ。

何について、そしてなぜ書いたのか、はっきりとしておきたい。この話から始めよう。一九七〇年、早稲田大学の学生として来日したとき、一人の陶芸家と僕は出会った。彼は惜しみなく教えてくれた。まず己を静めることを教わった。それから土をこねること。仕事の下準備というわけだ。その次がろくろ仕事だ。土を注意深く感じながら持つ。指の力のポイント。そして成型。釉薬《うわぐすり》をかけ土が乾くまでの忍耐。そうしてやっと窯入れ。そして待つ、何が**現われる**かを。

陶芸とは別ものだが、本書を執筆するなかで、同じ階段を僕は上がってきたように感じる。どういうことか話そう。

試練だった――ほとんど苦悩といえる。この三年間は、経験と物語と学びでいっぱいだった。どこからどう書き進めばいいのだろう？　やがて、震災後の日本で徐々に自身の立ち位置を見出していったように、進んでいこうと思った。第三章は、二〇一一年四月からの初めの数週間の個人的な旅路を回想している。これを書いたのには二つの理由がある。第一は、僕が何者で、どう自分の道を見出したか、僕の個人的空間を読者と共有するため。第二は、我々は誰でも生活の諸事が破綻したとき、苦悩、探究、喪失の過程を通ると思うのだが、そのいわば備忘録である。

次の第四章では、僕が見聞きした注目すべき物語のいくつかを伝えたい。東北全域で人々の話を聞かせてもらえたのは本当にありがたいことだった。多くは僕が企画したフューチャーセッションの場で聞いたものだ。僕には強い心的傾向がある――普通の人々が行うことこそが、とてつもない変化を創ると信じているのだ。多数の人々がほんの少し考え方を変え、かつ一緒に行動を始めるときにこそ、変化が起こる。僕は震災後に書き始めたブログ[6]を読み返し、いくつかのパターンを抽出した。それはまだ見えない未来への道を見つける道しるべになる。この章は、人々が己の陶器を形づくり始める方法を見守る章といえる。自分たちのコミュニティを形成する最初の段階だ。

震災後の日本で、すばらしい仕事をする多くの方々に会った。それぞれ異なるやり方だが、その精神、目指すものは深くつながっている。第五章では、その人たちの知恵を紹介した。この三年間に彼ら自身の中で起きた変化や、人が変容したと思うことについて尋ねた。以前は不可能だったものの今は可能なことは何かを尋ねた。彼らが語ったことは、新しい未来をつくる方向性を示す羅針盤だ。人々は望む未来へますます進んでいく。彼らはいわばコミュニティの陶芸家として修練を続けている。
この数年の経験のなかで特に心に焼き付いているのが岩井秀樹さんの仕事だ。彼は二〇一三年、宮城県石巻市のフューチャーセンターとして「こはく」を設立した。第六章でその取り組みを紹介したい。

正直に言って、僕はこれまで特に災害に関心を持ったことがなかった。世界の多くの地域で起きた災害に、大きな注意を払ってこなかった。当然、今では違う。未来について断言できる数少ないことの一つ、それは、我々は将来も多くの災害と、システムの崩壊を経験するだろうということだ。災害は三つの段階を経ることに僕は気づいた――緊急・救援の段階、再生の段階、そして長い道程。それは混乱し、ガタガタで、気が遠くなるほど長い。我々はためらいながら古いものを手放し、新しいものを見出し、形作っていく。第七章では、日本で起きていることが世界の他の地域にもあることを伝えたい。世界の至るところで、人々は自分たちに必要なコミュニティを創るために団結している。日本で起きていることは固有で特殊であると同時に、コミュニティを蘇らせるという、世界的な運動の一部である。世界中で人々は自分たち自身の陶器を成型する方法を勉強しているのだ！

僕たちは一緒に、長い時間を要する仕事に取り組んでいる。多様な顔がある。多くの層がある。第八章では、僕自身が東北で働いてきたこの間に、世界を眺め理解するのに大切であったと思う方法をまとめた。第九章では、コミュニティで働く際に見られる段階やステップ、またモデルをまとめている。これらの章を書くのはチャレンジだった。ハウツーマニュアルではない！　コミュニティにおける、この時間のかかる仕事を理解するために僕が用いている方法と、注意を払っている事柄を、ただ記したものだ。僕はコミュニティという陶器を共に成型する際、何に注意を払うべきかを理解する努力をしてきた――その段階、ステージ、サイクル、そして手法を。本書では、コミュニティで働く人々が、目の前の仕事について、文脈《コンテクスト》を広げて考えることができるように書いている。最後の第一〇章では、僕の前に続く道を見ながら、今後について思うところを述べる。

この本を書くことは大きな旅《ジャーニー》だった。本書が、あなた自身の旅を進む上での一助となることを願っている。

3

Finding My Way

道を求めて

――震災後の日本で僕が見たもの

二〇一一年四月、日本に到着した。方向性を見つけるのに数週間かかった。途方もなく混乱していた。どちらを向けばいいのか。どこから始めたらいいのか。わからなかった。旧い平常《オールド・ノーマル》が消滅したとき、誰でもこうなるのではないだろうか？　道に迷った心地。不安感。

何はともあれ友人たちに連絡を取った。話を聞き、語った。そして書き始めた。個人的な日誌だ。これがブログになった。それによってこの馴染みのない「日本体験」からの意味を見つけたかった。以下は当時の僕の個人的日誌からの抜粋だ。

失われた「旧い平常《オールド・ノーマル》」

4月6日　成田にて

空気が違う。静まりかえっている。重い。成田に着いた飛行機から降りたばかりだ。三重苦の災害が起きたのは三週間半前。照明が消えているせいだけではない。エスカレーターが動いていないからでもない。空気が、違う。

妄想だろうか？　違う。空気が違うのだ。何か――何かが激しく変わっている。四ヶ月前にあとにしたときの日本ではない。

空港が静かだ。人々も少ない。もっとも、成田空港がうるさいと感じたことはない。シアトル・タコマ空港やジョン・F・ケネディ空港、ヨハネスブルクやムンバイと比べたら、いつもまったく静かなものだが。でも今日の成田はいつもに増して静寂だ。六本木行きのバスに乗り込む。空気の重さ、深い沈黙に驚きっぱなしだ。

六本木はほとんど砂漠化している。夕刻。暗い通り。数人しかいない。店は開店していない。シャッターは閉まっている。オフィスビルの二階以上が暗い。見上げると、星が見える。それで気づいた。東京の夜の空を見上げるなんて、どれだけ久しぶりだったかと。

4月7日　東京にて

仕事仲間の西村勇哉さんが対話の夕べを呼びかけた。八〇人くらいが来た。三・一一以来、誰にとっても心のわだかまりを開示する初めての機会だった。日本全国が揺らいでいる。もちろん最悪は東北地方だ。僕はいつ行けるかわからない。行く理由が必要だ。

今夜の対話はひっそりしていた。皆、心の中にある感情をどのように言葉にしたらいいのかわからない。抑圧されたエネルギーがあった。皆、すべてが変わったことを感じている。これまでの「旧い平常《オールド・ノーマル》」がなくなった。永久に。では今、何があるのか？　そこだけが見えない。それは見つけられたがっている。

変化は強力なものだ。照明があちこちで消えていることや、計画停電のことではない。人々はこんなふうに言っている。

「エネルギーは足りないけれど、人生は前よりもいい。家族との時間を増やしている。何が重要なのかという感覚が変わったんだ」

人々は「成功」の新しい指標が必要だと話していた。その一つの候補として、ブータンの「国民総幸福[*1]」の考え方が挙げられた。僕は学生の頃から何度も日本を訪れ滞在してきたが、このときまで日本の人たちが幸福について率直に話すのを聞いたことがなかった。――後に僕は国民総幸福の考え方が少し前から日本でも注目されつつあったことを知ったが、三・一一の後、人々はますますそれに注目し、幸福について正面から考え語り合うようになったと思う。

4月8日　東京にて

午後、富士ゼロックスのリサーチ・コンサルティング・グループ「ＫＤＩ」のスタジオで三五人のビジネスマンの集まりがあった。

友人であり仕事仲間である野村恭彦さんと久保田弥生さんが主宰するこのプログラムは、二〇一〇年末に、フューチャーセンター[*2]の普及活動のキックオフであるフューチャーセンター・プレ・プログラムとして計画したものだった。震災直後の混乱状況で、僕たちはほとんどキャンセルするつもりだった。しかし、前の晩の打ち合わせで、日本は以前にも増して今、フューチャーセンターを必要としている、と話し合った。

人々が集まってきた。寡黙だった。昨年知り合った人たちでさえ僕と目を合わせない。場が静まり返っていた。居心地が悪かった。人々は、人と話をする心の余裕があるのか確信もなくこの場に来ていた。ここにいたいのかさえわからないまま、とりあえず来ていた。

ペアになって、それから四人のグループになって、それぞれの生活で起きていることを話してもらった。何が同じで、何が変わったか？　以前は不可能だったことで、今、可能になったことがあるか？

より深い気持ち、怖れ、そして希望にまで掘り下げてもらった。

三時間後。場は活気に包まれていた。

雰囲気が変容した。未来とは「今」なのだ。

混乱の中で語り合う

4月10日　清里にて

日本に到着して四日。聴く。感じる。理解してみる。ここにあることを。以前は可能ではなかったが、今では可能なことを。前の晩、焚き火を囲みながら、何人かとジャパン・アート・オブ・

＊1　国民総幸福（Gross National Happiness）は一九七二年にブータン前国王ジグミ・シンゲ・ワンチュクが提唱した国民全体の幸福の度合いを測る指標であり同国の政策に活用されている。日本では東京都荒川区が二〇〇七年から「荒川区民総幸福度」を区政に導入、二〇〇九年には鳩山内閣が成長戦略のなかで幸福度指標の開発を掲げ調査を実施した。その他、複数の自治体で幸福度指標の研究・開発の取り組みが行われている。

＊2　フューチャーセンターとは、複雑な問題を解決するために多様な関係者を集め、対話によってアイデアや協調アクションを生み出すための施設。フューチャーセッションは物理的な施設にかかわらず、こうした活動を行う「場」を指す。

ホスティング・ジャーニーについて語り合った。ひととおりの会話の後、僕はその場を辞した。時差と、あまりにもたくさんの話の聞き過ぎで、脳が沸騰していた。しかし、そこでの会話を思い出す……。

僕たちは語り合った。アート・オブ・ホスティングは、自分自身と他者の双方に、己が共に在ることを可能にしてくれるシンプルな方法だと。昨年、日本にこの手法を持ち込んだとき僕は、アート・オブ・ホスティングを日本に紹介するのはこれが初めてだけれど、それは実はここ日本で生まれている、と話した。深い傾聴、関係性への心遣いこそ日本文化の伝統であり真髄で、それこそまさにアート・オブ・ホスティングの本質だからだ。

これはまた、玄妙で深遠な神道に通じるものでもある。生命の相互連関への奥深い謝意。茶道、生け花、相撲においても現れている。ある友人が、日本におけるアート・オブ・ホスティングと世界各地のそれとの違いについて僕に尋ねていた。日本では、僕が思うには、共に在るという在り方を急激に思い出すものとなる。尊重し支え合うという関係性を我々は知っていたはずだが、この五〇年から一〇〇年ほどの間でそのどこかが日常から忘れ去られ、顧みられなくなった。しかしなお、深いところで残っている。アート・オブ・ホスティング・チャレンジ・イン・ジャパンでは、新たな姿勢で行動を共にするための、実践の方法を学ぶ。この在りよう、この奥深い資質が求められている――今、新しい未来を創るために。

4月11日　清里にて

これを座って書く今朝の僕は心が少し痛い。ちょうど昨夜、新たに明白なことが見え始めた。それは……甚大な支援が必要だということに尽きる。支援となること——踏み出す糸口を見つけ、それを使っていくこと。すでにあるものでやっていく視点。人生の権限を取り戻すのに役立つ見方を提供すること。

悲しみのあまり書かずにはいられない。僕は今、清里のキープ協会の施設にいる。農村コミュニティづくりをめざし七三年前に生まれた場所だ。愛すべきここのすばらしい人たちは、人をもてなす場の調え方を知っている。昨夜、福島についての会話となった。キープ協会のリーダーを長く務める山本さんは、一ヶ月前、福島まで迎えの大型バスに同乗し、四三人の被災者を連れ帰った。この美しい場に。彼もまた、痛む心に耐えかねて何かしないではいられなかったのだ。新しい人間関係が始まった。

山本さんの車は「ビッグパレットふくしま」へ向かった。スポーツ複合施設だが、震災後は二〇〇〇人の緊急避難所となっていた。設備条件は避難所としては最も良い部類だ。山本さんは被災した人々に、清里に来てくつろいでほしいと思っていた——しかし、一度離れると、避難所で彼らのいた場所は他の人に取られてしまい、帰るところがなくなってしまう。だからほとんどの人は動きたがらなかった。山本さんのアイデアは、いい考えだったが、充分ではなかった。

毎日、政府が二〇〇〇人のためにおにぎりを運んでいる。食べものはある。でもおにぎりだけだった。四週間それだけを食べている。

深い悲しみ。深いトラウマ。

その後、キープ協会は、避難所からの要望を受けて食事の支援をすることになったという。だが遠く離れた山梨から、材料を運び温かな食事を提供することには、限界があった。食料が足りないわけではなかった。調理と給仕をする人手が足りないというのだ。僕は金切り声をあげたくなった。そこには二〇〇〇人の人々がいる。人手があるのだ。だがもちろん、多くの人、おそらくほとんどの人は、ショック状態にある。この悲しみにどう向き合い、くぐり抜ければいいのか？ すべてがとても混乱している。どこから着手すればいいのか？ どうすればわかる？ どうすれば気力が続く？

週末の会合では、東北地方にとって、そして日本全体にとっても、古い価値観を復興するのではなく、新しいパラダイムを創造することが絶対に必要だ、との見解が示された。どうすれば我々すべて――世界中の人が立ち上がり、この再創造を支援できるのだろうか？

振り返ると、驚くべきことに、次のすべてのことが五日間のうちに起きていた。この五つの実践は、僕が落ち着きとバランスに近いものを確保する助けになった。

● **静かにする。**とにかく落ち着く。森の中をゆっくり散歩したり、露天風呂に入ったり。瞑想する。平常心を取り戻せるものならどれでもいい。自分を精神的に麻痺させたり、軽率な行動を招いたりするものを避ける。

●**つながる。**まず日本そして世界中の知り合いに連絡を取った。一人では聴いたり感じたりしていることを処理できなかった。つながり《コミュニティ》が必要だった。僕を受けとめてくれ、支えてくれ、僕が僕自身のカオスの中で迷わぬよう助けてくれる人が必要だった。

●**聴く。**そして、もう少し聴いてみる。まだ意味づける時ではない。何かを解決する時ではない。「今」にとどまり、自分の人生があたかもそれに依っているかのように、聴くべきものを聴く。詮索しないで聴くとき、より多くの全体が見えてくる。決めつけるような行動を取らない。

●**共感する。**この聴き方を、自分の存在の中心に浸透させて聴く。できるかぎり心を開く。自発的にこみ上げる悲しみ、喜び、絶望、可能性について、ただその「今」を受容しよう。どれにもとらわれずに。そうすれば代わるがわる、それらは来ては去っていく。

●**混乱しておく。**自分が混乱していることを受け入れる。明瞭なふりをするのは危険だ。それは都合良く安楽な場を提供してくれるかもしれない。でも本物ではない。混乱していよう。そして本当の明瞭さが湧き起こるまでそのままでいよう。躊躇なく行動できる時が訪れるまで。

これらの五つは相互に作用する、より大きな全体の一部だ。我々を道案内してくれる作用だ——最短のエレガントな次のステップを見つける地平に。この**再想像**と**再創造**の旅において、人を誘い出会う道筋を発見することを手伝ってくれる。

持っているものを探せ

4月12日　清里にて

長くゆったり温泉につかって戻ってきた。静穏な水の上に舞う雪。また深い傾聴とパワフルな対話の一日が過ぎ、静かになる時間。美しい場所だ。滋養に満ちた空気とすばらしい食べもの。深い存在《ディープ・プレゼンス》を呼び起こす。

僕は自身の行動における傾向に気づく。四〇年以上、活動家をしてきた。その流れは深く、それを大切に思っている。だがもちろん――たとえそれが僕の最大の願いだとしても――日本の問題解決者とはなれない。登場することはできる。全身全霊で聴くこともできる。僕がいることで変化を創ることができると感じられる。できるところは支援する。会話の中で、涙は笑いに、それは沈黙に取って代わる。ここには集合的感受性がある。我々は皆、その「場」にいるという理解がある。

4月13日　清里にて

今日は富士山がその壮麗な姿を見せている。この沈黙の霊山は常にどこかで日本をホストしている。しばしば雲の波間に隠れるがいつもそこに在る。時にかすかに見えるだけだ。富士山が姿を見せるときが好きだ。僕の精神を鎮め、ただここにいることを助けてくれる。

今ここにいる。

ここに存在している。
自分の意識に気づく。
敬意と慈愛と尊厳をもって行動する。
執着せず明瞭さを持つ。
驚くことに備えておく。
つながりを保つ。

昨日は皆で会って、何が起こってほしいかを感じてみる一日だった。仙台から戻ってきたばかりの人の話を聞いた。何度も行っている地方だが、電車を降りたとき、違いがわかったという。倒壊した建物ばかりではない。空気の中にあるもの。それが違うと感じた。抑制した、ほとんどガラスで覆われたようなそれ。何人か若者がいた。話しかけた。瓦礫の中をあてもなく歩き回りながら、若者たちは答えを求めていた——僕たちに何ができるのか？　もちろん、知る由もない。悲しみと喪失の感覚で、圧倒されそうだった。若者たちと一緒に立ち尽くすだけだった。瓦礫の山々。その惨状。壊滅的光景は、いつもの日常だった断片とまざり合って、さらに生々しかった。破壊された店。シャッターの閉じた店。開いている店。まざり合っている。

一日も終わろうとしている。はっきりしたことはまだ何もない。若者と若いリーダーシップとのつながりで何かできるのでは、という感覚があった。この場、キープ協会は新しい目的を担うという感覚があった。それはフューチャーセンターの一つになるのではないか。今日本で必要とされる、未来を見つけていく変革の場に。

朝になり、一つの考えが結晶化してきた。次の日から三日間、山本さんが福島へ行く。福島が持っているものを見つけに行くのだ――福島が必要とするものではなく。悲しみに向き合い、共に次のステップを見つけるために立ち上がろうとしている若者を探しに行くのだ。

可能性の輪郭が見えてきた。五月の中旬にキープ協会で僕たちは三日間のイベントを開催する。一〇〇人くらいの参加を想定する。主な参加者は若者だ。大多数は福島から。三ヶ所から募る。スポーツ複合施設の避難所に住んでいて徐々に生活を再開している若者。避難所で奉仕している若者。避難所周辺の「一般区域」の若者。清里の若者約二五人と、東京はじめ全国各地の若者にも二五人ほど加わってもらう。集まる。悲しみを抱きながら、それと共に生きるために。互いにつながり合うために。自身の生に対する権限を回復するために。日本全国の人々が自身を調整するための支援になるような、最小限のエレガントな次のステップを見つけるために。

4月14日　東京にて

今朝、大地が二回揺れた。ここ、ホテルのデスクに向かって座ったときだ。この程度では近頃は「比較的強い」と表現される――マグニチュード5をほんの少し上回るのだが。二回とも震源地からおよそ一六〇キロ。こういうことは近頃の「新しい平常《ニュー・ノーマル》」になっている。大地は頻繁に揺れている。皆すぐに気がつく（時にはiPhoneアプリのアラーム設定で）。気がつく。待つ。一瞬驚く。だが、それほどでもない。どのくらい揺れが続くかと思い、座ってそこにいる以外に何かするべきか、戸惑う。揺れを感じながら。

少しの後、階下へ降り、屋外へ出る。東京の朝は気持ちよく晴れている。ここは至るところで、春がその姿を完璧に現していた。桜はすでに盛りを過ぎ、通りには、紫色の見事なチューリップが道を彩っている。不思議な対比だ。地球が揺れて、紫色のチューリップが咲いている。生命が平常への道を知っている。

前の晩、友人の吉田創さんが、小さな対話の集まりに招いてくれた。四〇人ほどが来た。ほとんどは、前年に仕事で会っていた、教師、学生、パーソナルコーチ、ウェブ・デザイナー、ビジネスマン、政府職員、ファシリテーターといった人たちだ。面々から明らかなのは、さまざまな人たちが、東北の人たちと共に立ち上がり援護する方法を探しているということだ。佐野淳也さんは、立教大学大学院で社会変革を学生に教えるポストを終え、そのためのＮＰＯを始めようとしている。ボランティア活動をしたい人、ＮＰＯを始める人、支援活動をしたい企業、あふれるほどの人たちがいる。

僕が感じ取ったものは、東北全域で考えようとすると思考停止状態になるということだ。親しいつながりを構築できる一ヶ所を見つけることが必要だ。その地で、何度も繰り返し、忍耐強く話を聞いていく。前に進む気概《リーダーシップ》のある地域の方々と出会い、一緒に歩む。そういうことが必要だ。急いでやっつけ仕事をするものではないとわかっている。

友人のマーガレット・ウィートリーがメールで書いてきた。このような状況で人はよく、「あなたには何が必要ですか？」と聞く。打ちのめされるような質問ではないか。聞くべきは「あなたは何を持っていますか?」だろう。我々は、今「持っているもの」から始めることで、しばしば「必要なもの」に結果的に導かれる。持っているものから生じる必要《ニーズ》は、必要なものを根こそぎ失った人に「何が必要か?」と聞くことの、息の詰まるような重さとは、まったく異なるものがある。

最初に必要なのは、各々が感じている悲しみを継続して受容することだ。東北の外の人々は、東北の人たちが経験している破壊的状況を個人的に知らないのに悲しみを感じるという事実に、罪悪感を覚える。悲しみは至るところにあるのだ。誰もが、この幾度もこみ上げてくる涙の体験を口にしている。この悲しみは長く続くだろう。

昨夜来た何人かは、週末キープ協会にも来ていた。皆、口々に言った。第一日目、支援策を練り始める前に、自分たちの混乱を共に分かち合ったことがどれほど僕たちにとって重要だったか、と。

悲しみ、混乱、聴くこと。すべて、行動を起こす前に必要だった。この国の集合的な文化では、感情は微妙かつ急速に伝達していく。だから、ある感情が空気に在ると日本中に広まる。ある別の仲間が僕に言っていた。平常がここに存在するかのように行動できるよう、感情を切り替える方法を発見したという。東北から遠く離れれば、この感情的磁場から距離を取りやすくなる。しかし、磁場は依然としてそこに在る。

4月16日　東京にて

何年も前にテレビで見た西部劇を思い出した。武骨な年を取った男が一本の棒切れを拾う。へし折る。そして言う。「一人では、簡単に折れる」。それから棒切れを何本も束ね、一人にその一束を折ってみるように言う――もちろん折ることはできなかった。「一緒になれば、折れることはない」。この古臭い協力のイメージは、**一緒になることで美しい庭を育てられる**というイメージに取って代わられつつある。

被災地へ

4月17日　東京・石巻・東京にて

六本木の早朝。日曜日の五時を回ったところ。通りにはすでに人の気配がある。少し遅れ気味なので急ぐ。宮城県に向かう「ヤング・グローバル・リーダーズ」[*1]の一行に合流する。僕だけ若くなく、外人も僕一人。

春の朝、東京の大都会をバスで北へ向かうことには、なにかシュールレアリスティックなものがある。花も葉桜となりつつある。都心を離れると、例年のように新緑に向かう日本の春が目に入る。道路脇の休憩エリアで停まる。人々と食べもので一杯だ。ミニバスの中は賑やかな会話。僕は合間に居眠りしている。アショカ・ジャパン[*2]を始めた若者たちや、何年も前にソーシャルベンチャー・パートナーズ東京[*3]を立ち上げた若者たちと一緒だ。皆、市民社会で活躍する多様なリーダーたちだ。

＊1　ヤング・グローバル・リーダーズとは、世界経済フォーラムが毎年、各界各国の若手リーダーを選出・表彰するもの。
＊2　アショカは世界最大規模の社会起業家支援組織。アショカ・ジャパンは二〇一一年に発足。
＊3　社会的企業に対する投資と経営支援を行う非営利組織。

被災地を初めて訪れる。僕のように彼らも。東京を出発して何時間も経った。すると、目には見えなかった一線を越えたかのように、突如、津波が襲った地域に入った。車内は静まり返り、誰もが一帯を見回している。田んぼの真ん中にある小舟が目に入る。

それから、再び目に見えない一線を越える。ものごとが機能している地帯に僕たちは来ていた。さっき見た場所と高低差はない。しかしここには津波は来ていない。高架の幹線道路があり、それが防壁となったのだ。こちら側には日常。反対側には破壊。

朝、バスに乗ったとき、この巨大な破壊の光景に対する心の準備はなかった。さらに驚愕したのは、破壊が「いつもの」日常とこれほど隣り合って存在し、混在していたことだ。何もかもない世界の周りで、機能している世界にいるような感覚だ。荒れ地からほんの少しの距離には車が走り、派手な車もチラホラ見える。マクドナルドと日曜の午後の渋滞が、破滅した生活圏から数分のところにある。若者たちが手をつなぎ家路に向かっていく。彼らの家は、もはや家がない人たちから一曲歌えば歩き着ける距離にある。バスの中で誰もが、この対比がどれだけ衝撃的か話している。悲しみ、混乱、聴くこと。それぞれが、行動を起こす前に必要だった。

ボランティアコーディネートセンターに到着する。変革を起こすキャンプだ。学校のグラウンドを借りている。ここにおおよそ五〇〇人がいる。二つの倉庫があり、一つは日本全国から押し寄せている備品用、もう一つは食料用。何千人もの個人からの寄付。もちろん手違いも時にはある。たとえば炊かれたご飯が送られてきたりしていた——水がないと聞いたからだろう。何であれ、皆ができることで応援している。

小さな一つのＮＰＯがここを始めた。普段は学校を経営しているが、コーディネートの役割が必要とされていたからだ。その稼働力を超えて働く彼らの仕事は、赤十字のような国際的エージェンシーの目には見えない。その仕事は認識されず、支援も送られない。僕の中の企画者たる自分が言う。こうしたＮＰＯのネットワークが必要だと。経験や学習事項を共有し、一つの声として国際的エージェンシーに届けなければ。見過ごすわけにはいかない。

引き続き僕たちは、最も被害のひどい地域を回った。車が進むにつれ、まるで催眠術にかけられていくようだった。何キロメートルにもわたって続く瓦礫。家屋の中に車。車の上に家。六週間前には人々の人生にとって大切だったものが大量のごみとなり、積み上がっている。

テレビでは見ていた。ユーチューブでも見ていた。インターネットの画像も見ていた。どれをとっても、この破壊の凄まじさを知る上で十分ではなかった。思い起こす。ほんの数分のところでは、表面上は普通に人々が生活を送っている。しかも、一つの町の中で、すぐ近隣で。死者と行方不明者は二万人を超える。何十万人もの人々が緊急避難所で生活をしている。

女川港を臨む標高五五メートルの絶壁へと車で向かう。病院がここに立っていた。一階は海水で浸水した。今日の水は青色に輝いている。この港は美しい構えをしている。牧歌的な光景だ、陸に目を移すまでは。絶壁のすその台地に僕たちは立つ。破壊は凄まじい。海の近くの、三階建てのアパート全体が持ち上がっており、滅茶滅茶となった姿を横倒しにさらしている。別の高いビルの骨組みのてっぺんに車が乗っている。人々が、自分たちの家だった場所を歩いている。

地震によって、土地の標高は一メートルほど沈下した。そこへ津波がやって来た。時速八〇キロの速度、二〇メートルの高さで。

女性が僕たちに微笑みながら会釈する。彼女が言う。

「すぐそこのアパートに私の家がありました。私たちの何人かがそこの病院まで来ました。あの家の三階に逃げていた人もいます。その人たちが波にさらわれていくのを、絶望的な気持ちで見ていました。……ここは住むのには美しい場所でした。魚がたくさんいて。夏には心地よいそよ風が吹きわたって。……先週、電線が復旧しました。それが少しの希望をくれました」

彼女は僕たちがやって来たお礼を言うと、去って行った。僕たちは呆然と辺りを眺めながら立ち尽くす。

それから僕たちは前へと歩いた。ついに僕は立ち止まり、写真を撮り始める。写真で捉えられるわけもない、とわかっている。撮ることで、苦しさを一瞬でも脇に押しやろうとしている。恐ろしい現実にどっぷりつかりながら、同時にそれを押しやろうとしている。

瓦礫の山の頂上に乗っかった自転車に目がいった。誰かが六週間前にこの近くで乗っていた……。

破壊を目撃しながらバスで湾岸を走り、やがて石巻市の郊外に着く。一軒の酒店から、瓦礫の残骸を取り除くのに僕たち三〇人で二時間以上かかった。床の泥をシャベルでどかす。びんを回収し、ケースに並べて積み上げる。価値のあった所有物。今はごみとなった。運び出す。驚くような早さで動くチームワーク。一緒に仕事をしたことはないが、目的が明確だ。

だが、酒店の主人が一行の中にいるとは思いもよらなかった。僕は、こうして僕たちが建物を回って瓦礫を片づけるのだと思っていた。すると一人の男性が前に進み出て言った。

「どうぞ皆さん、残っているお酒を持って行ってください。この地方で一番良いものですから」

どうして、彼はあんなふうに微笑んでいられるのだろう。文字通り後光が差していた。彼は失ったものを見ているのではない。持っているものを見ているのだ、とわかった。

出発する前、友人の井上英之さん・有紀さん夫妻が、僕のためにオーバーパンツと作業手袋、防塵マスク、ゴーグルを用意してくれた。そして彼らの近所に住む人が、僕の足のサイズを計り、僕に合うブーツを貸してくれた。地域の消防団のメンバーでもある人だ。

「これがせめて私にできることですから」と彼は言った。「私は行けないのですが。代わりに行ってくれて、ありがとうございます」

重装備となって普段より動きにくい僕は、がむしゃらな作業の中、ふと右耳の補聴器が落ちかけているのを感じた。同時に、すでに左の方はいつの間にかなくなっていることにも気がついた。注意深く自分の来た道を振り返り、泥にまみれた床を探した。もちろん無駄だった。僕の補聴器は、多くの人たちの、瓦礫に帰した生活の残骸に加わった。僕は自分をなだめた。多くの人たちが家や仕事や生計を失い、命まで失った。補聴器のことなどで文句を言う余地があるだろうか。僕は多くを持っている。いろんなものをたくさん持っている。

夜になった。東京への長い帰路。怪我はない。熱いシャワーを想像した。東京のレストランの、いろいろな食べもの。きれいな着替え。快適なベッド。僕たちが到着する頃までには、彼の地のボランティアの方々は、すがすがしい風の中の居心地の良いテントで眠っているだろう。僕は二時間で疲れてしまったけれど、彼らは一日の長い労働のその後で。僕は現地を訪れる機会が持てたことを感謝した。目的意識ある友たちと隣り合って仕事をさせてもらったことを感謝した。自分の健康と、呼吸と気力に感謝した。そして酒店の主人の振る舞いに心を動かされていた。僕はまだこの体験の真っただ中にいる。意味を与えることができない。少し圧倒されている。今日の旅を始めるために起きてから二四時間が経過しようとしていた。寝る時間だ。

震災後の最初の滞在の二週間、僕は指針となる考え方を模索した。石巻への旅で僕は息を呑んだ。見ているものが何なのか意味を見つける必要があった。自分を完全に見失ったりしないために必要十分な意味を。以下、僕が共鳴するいくつかの指針である。

● **混乱すること。**これ以上適切な言葉がない。混乱を無視したり押しやったりしようとすればするほど、僕は感情的になりがちだった。解決しようとするのではなく、混乱に慣れることを学ぶ必要があった。混乱の中の調和を探すことだ。

●**悲しみを抱きしめること**。悲しみは現実であり圧倒的なものだ。知的に処理する必要はない。完全に凌駕されてしまう必要もない。来るに任せる。その中で呼吸する。それに親しむ。悲しみは本当の自分が何者なのかに関し、たくさんのことを教えてくれる。

●**受容する心を育てること**。存在の今の状態を受容することを学ぶ。何であれ、それがたった今起きていることだ。それも一〇分の後には変わっている。明日になればなお違うだろう。今のその状態を受容できれば、足場が得られる——次のステップを探す出発点だ。

●**集合的文化が重要である**。集合的文化は大きな変革をもたらす。アフリカのことわざを思い出す。「早く行きたいなら一人で行け。遠くに行きたいなら一緒に行け」。きわめて遅々としているように見えるものもある。しかし一緒に進むことで、道を見出せるだろう。

●**犠牲者にならないこと**。犠牲者であると感じることは何も生み出さない。悲しみが絶望へ、受容が不本意な同意へと変化してしまう。そして良くないことが起こる。犠牲者になると、その時点の過去の中で自分を見失ってしまう。そうすると、自身の未来を描いていくことができない。

●**持っているものを使うこと**。誰かを待つ必要はない。今始めるに十分なものを持っている。持っているものを見出し、どのようにそれが用いられるか考えることによって始める。時としてそれは困難で、苦悶さえを伴うかもしれない。そこが始める場所だ。

●**並行すること**。我々が住むところはそれぞれ異なる。我々は各々、ベストを尽くし前に進む道を見出す。それらの現実は互いに隣り合って存在する。それを避けて通ることはできない。我々は自身の現実によって立つ自分自身の能力を深めることが必要である。隣人のそれを垣間見る一方で、それらの差異がもたらす緊張に耐える力を育もう。新しいものはそこから生まれることを理解して。

- **乱雑であること。**経験を固定的なパッケージに落とし込もうとするあらゆる衝動に抵抗しよう。調和を求める一方で、すべてのエッジを揃える必要もない。多くの異なる事柄が同時に動いている。すべての事柄をクリスタルのように透明化する理論はない。乱雑さと共に生きることを学ぼう。
- **すべての場所は異なっている。**まったく同じコミュニティは存在しない。異なる人格、異なる環境システム、異なる歴史、どれも重要だ。一つのコミュニティは他のコミュニティから学ぶことができる。しかし一つの場所でうまくいくことが他の場所でそのまま通じるわけではない。複製しようとは思わないこと。縮図を作ろうとする誘惑に抵抗すること。関係性の豊かな広がりを耕すこと。それぞれの人、コミュニティがその未来の作者なのだから。

ここに記したものは、二〇一一年四月、僕の来日中の最初の一一日間に書いた。それ以来、僕はここに挙げたような姿勢を日々意識している。震災関連の仕事に携わるすべての人にとって、緊張の連続だった。僕たちは自分自身のバランスをとり、足を着地させる場所を見出し、共に歩いていく術を学ぼうとしていた。

旅のあらまし

外国人の僕がどのようにして日本に来て、これ以降の旅に臨んだのかを理解していただくために、この頃の自分の生活を紹介した。僕は常に仲間となる人々と旅をしてきた――いつも、一歩ずつ。一人ではこの旅をすることはできなかった。驚くべき日々を過ごしてきた。この歳月がどのように展開したか、以下ではそのあらましをご紹介したい。

二〇一一年、ほとんどの僕の仕事は日本国外でのものだった。どの扉から日本に入ったらいいかわかるのに時間を要した。先に紹介したように、多くの仲間と、支援のために何をすれば良いのか集まっては話し合ってきた。何をしたら良いのかわからなかった。あらゆる人の心に大きな傷口が開いていた。混乱していた。不安定だった。わからないことを話し合わなければならなかった。そして、沈黙する必要があり、耳を傾ける必要があった――自分たち自身に、互いに、周囲の声に、もちろん神にまでも。

鍵となる考えが二つ現れた。一つは、東北を含む日本全国の若者が集まって互いを支援できる場を創造すること。もう一つは、できるだけ早くフューチャーセンターを日本の社会セクターに導入することだ。

若手リーダー育成とコミュニティ再生のためのプロジェクト、「ユースコミュニティリーダー・

ダイアログ」を開始し、二〇一一年五月から一一月にかけて四回のセッションを行った。各回六〇人ほどの参加者が集まった――多くは二〇～三〇代で、清里のキープ協会で三日間を共にした。

僕たちは悲しみ、希望、考え、怖れを共有した。何をできるか夢を語り合い共に過ごした。アート・オブ・ホスティングの原則に従って場を主宰した。新しい日本におけるアート・オブ・ホスティングのコミュニティのメンバーはもちろん、海外からも数人の実践者が、共に場を主宰するためにやって来た。すばらしいセッションだった。各回、東北からの参加者も合流した。東北からの人たちにとっては、自分のための時間を取ろうと考えることさえも、しなければならない多くのことを抱える中、とても難しいものだった。関係性は構築された。お互いがつながった。

野村恭彦さんと僕は、フューチャーセンターがどのように役立つか、多くの人と話し続けた。それはコミュニティの人々にとって必要な未来を創造する場になるのではないか、と感じた。そこで無謀にも二〇一一年五月末に「フューチャーセッション・ウィーク」を開催することを宣言した。そして五日間で五つのフューチャーセッションを実施した――四国の高松城に始まり、東京の二子玉川にあるカタリストBAで結びを迎えた。いくつか異なるテーマでグループになってもらい、考えられる夢を話してもらった。そうして、この新しい種類の「場」を参加者に紹介した。

五つのセッションを遂行するために、非常に多くの時間とエネルギーを要した。何十人もの人々が支援のために行動を始めている。新しい未来を創造するための特別な「場」の必要性、その種が根付き始めた。

もちろん、この仕事には稼ぎというものはない。すべての時間は奉仕だ。米国の僕のＮＰＯを通して多少の資金調達ができた。ベルカナ研究所とニュー・ストーリーズだ。それによって旅費その他の経費を賄っている。

僕たちはただ、なされなければならないことをした。

二〇一一年四月に仲間と共に石巻市の酒店の泥土をシャベルでかき出した短い訪問以外、同年一一月初旬まで、再び東北に行くことはなかった。そのときは宮城県および岩手県の人々との小さなラーニング・ジャーニー（体験型の学習ツアー）の中で訪れた。その年は、僕の足は福島の聖なる地面を踏むことはなかった——扉を見つけることができていなかった。

心折れ、そして心励まされる一年だった。対話とフューチャーセンターが重要な鍵だと信じ続けた。しかしどのように、いつ、誰と行えばいいのか？ これらは大きな未知だった。一一月下旬には、僕は疲れてしまった。京都の家で秋の美しさに抱かれ、迷っていた。近所の丹波橋駅から市内への電車に飛び乗ったが、どこへ行きたいのかわからなかった。車掌が「伏見稲荷」と言うのが聞こえ、飛び降りた。稲荷山を登るのにその日を費やした。立ち止まり、ただすべてを解き放ち、祈り、瞑想した。頭を垂れ、何をしたらよいのかまったく考えが浮かばない、とつぶやいた。自分を解き放ち、自分を明け渡すと、やがてイメージや考えが流れ込んで来た。一日が終わる頃には、僕は次の階段を見つけていた。

重要な学びもあった。自分を明け渡すことの中に意図は編み込まれている。僕は対話とフューチャーセンターを展開することに明白な意図を持っていた。深いところでこれは重要であると理解していた。僕の意図は当初から、東北や日本中の人々が、どんな未来を望んでいるか、互いに語り合える場を展開することだった。意図は常に自分を明け渡す心と手を携えていく。意図がどのように実現するのかを理解するために、僕は再三、自分を明け渡さなくてはならなかった。

僕はただ「場」に現れ、耳を傾け、とにかく傾聴を重ね、次のステップがどこにあるのかを見つけてきた。今の瞬間に、何度も戻らなければならなかった。人や、場の中に在る事柄に。それはすばらしくもフラストレーションに満ち、疲労をもたらすが活気ももたらす。喜びと悲しみに満ちている。道を進むにつれ、「諦める」ことと「明け渡す」ことの違いを学んだ。明け渡すこと、それは実は自分が顕現することだ。諦めるのではない。本当に在るところのものに自分を顕現させることだ。我々がそうであるだろうと思うもの、あるいはそうあってほしいものにではなく。

僕は長年、世界各地のコミュニティと関わる仕事をしてきた中で、ある種の専門性を身に付けた。僕は対話の場を企画し主宰するスキルを持っている。しかし、これは聴くことから始まるものでなければいけない。それに先立つものではない。「外部の専門家」と「敬虔な部外者」の違いがある。それを僕は理解し始めている。外部の専門家は答えを持って到着する。敬虔な部外者は聴く用意を持って到着する。僕はそうなるための修行をしているようだ。

僕と野村さんは今後この仕事を主宰していくためにコミュニティを立ち上げる時だと判断し、集まりを呼びかけた。三〇人ぐらいは来るかもしれないと思っていた。

一〇〇人が来た！　僕たちは驚いた。エネルギーが伝染し、大きくふくれあがっていた。自己組織化的な一つのシステムが生まれつつあった。種はまかれた。翌年二〇一二年五月のフューチャーセッション・ウィークでは、日本全国で一〇〇近いフューチャーセッションが開かれるまでに成長した。前年の五つからそこまで拡大したのだ。フューチャーセッションが日本中で人々を強く引きつけたことは明らかだった。

僕は前に進む道を探し続けた。多くの日本の友人、仲間が現れ、道を見出す助けをしてくれた。そのおかげで、この取り組みを人々に理解してもらうことができた。招かれるままに、自分にできることをできる場所でした。フューチャーセッションのホストを務める。自己組織的なフューチャーセッション・ウィークのプロデュースを手伝う。企画書を書き、支援者を探す。

二〇一二年の五月、僕は自分の誕生日に企画書の最終版を書いて過ごした。それが僕たちの必要な経済的支援の獲得につながった。六月初旬、一時帰国のためちょうど成田空港に行くバスに乗ろうとする時に、メールが届いた。僕たちの企画書が受諾されたと書いてあった。獲得資金は二〇一二年八月一日に得られるという。

僕はパニックに陥った！　突然、注意深く仕上げた企画書の中のすべての言葉、すべての計画や戦略があやふやに思えてきた。現実のものとなるとどのように始めたらいいのか文字通りわかっていない！　自分が書いたものすべてが無機質に感じられた。だが幸い、進む道が与えられた。非営利組織ジャパン・フォー・サステナビリティからラーニング・ジャーニー共催の話をいただいた。日本およびその他の国々の若者を対象にした、東北での学びの旅だ。八月、二〇代の若者一四人が集まった。日本から七人、他の国々から七人が参加。宮城県の石巻市、気仙沼市のすばらしい人々を訪問した。非常に大きな学びを得た。

こういうことが僕にはしょっちゅう起こる。怖くなる、孤立する、すべてを頭の中だけで解決しようとする、打ちのめされる、無理だと思う、そしてさらに怖くなる——。古典的な負のスパイラルだ。そこから出る最初の一歩がわかったとき、自ら招いたカオスから抜け出し始める。すべてが明るくなってくる。口を閉じ、耳を傾けるとき、自分自身そして周りの人たちに向かって僕が存在するとき、変容が起こる。

濃密な、要求の多い、混乱させられる、そしてそれに応えてくれる二〇一二年の後半が展開していった。パートナーシップを組める人々や、仕事で呼んでくれる方々に出会い、大槌町、山田町、気仙沼市、仙台市、福島市、南相馬市、郡山市に赴いた。大小さまざま、実にたくさんの集まりを持った。単純にフューチャーセンターのダイアログやアプローチを紹介するだけの場合もあれば、特定の目的のために奉仕する場合もあった。場を創るための手助けに奔走する濃い時間だった。人々が互いに、悲しみについて、希望について、語り合うことができる場。これまで何をしていて、これから何をしたいか、語り合うことができる場だ。

僕のような外国人が購入できる「ジャパンレールパス」というものがあり、それを使えば日本全国を精力的に旅行することが可能だった。おかげで新幹線が僕のタクシーとなり、京都を拠点として活動することができた。静かなひと時が必要なことはわかっていた。散歩に赴き、自然の中に浸り、寺社やお気に入りの庭園を訪れることが。八〇代半ばのホストペアレントと一緒にいることが。普通の生活が必要だった。東京にいるときは、いつもまた次の会議がある。この仕事をするためには静けさが必要だった。午後四時半に仙台から電車に乗り、京都の家に深夜に着いたときのことを思い出す。僕はちょっとおかしくなっているのかなと思ったのだ。次の日の午後は愛する京都の丘を歩いて過ごした。そして、ここを拠点にしてよかったと感じた。

自分の仕事がはっきりしてきた。呼ばれるところに出かけていった。誰か東北の人が対話やコラボレーション、フューチャーセンターに興味があると聞けば、僕は出かけていく。企画会議、対話のセッション、フューチャーセッション、会話の数々。どのような会話が始まろうとしているにせよ、まず場を設け、続けて未来をどのように一緒に創造するのかについて、考え方を紹介した。

一二月半ばに米国に戻り、翌二〇一三年の二月中旬に日本に戻った。震災から二年が過ぎた。物事は表面上安定してきている。組織、人、そしてお金が東北から引き揚げつつあった。緊急・救援の段階は終わった。だが未来を構築する仕事はまだ始まってもいない。友人や仲間は全国あちこちで入院したりしていた——消耗、病気、混乱状態。誰もが疲れていた。僕もだ。しなければならないことが山ほどある。この仕事をする全員が、資金獲得に四苦八苦しながら、自分たちの信じる仕事に邁進していた。

最初の半年で、フューチャーセッションと対話の方法論を東北全域で精力的に紹介して回った僕たちは、必要な勢いを生み出すことができた。長期的展望への手応えがあった。日本各地や世界からの注目もあった。それでもなお、なすべきことはたくさんある。ある意味、僕たちはやっとスタートラインに達したところだ。これから続く長い道のりへの。

そうして仕事は続いた。可能ならばどこででもフューチャーセッションが行われ、芽生えつつある未来を支えるために何が必要なのかに関するアセスメント（評価・診断）も進められた。僕は、新しいシステムを生み出すための学びに関心を向け始めた。必要とされるしなやかなコミュニティを築くために、長期的視点に立った学びに取り組んでいる人たちを支援したい。仲間内でも、変容型シナリオ・プランニング、[*1]トランジション・タウン[*2]など、変化を生み出すいくつかの重点ポイントが研究され始めていた。

仕事のセッションでは、いつも誰かが僕のために通訳をしてくれる。拙い僕の日本語に対し誰もが非常に寛容で我慢強いことがありがたい。また数多くの私的な会話を重ねて理解するようになったことだが、聴くことは「体が運動している」ことである。聴くときは、自分のすべてを使っている。言葉だけではない。我々は概して言葉に依存している。誰かが意味したことをしばしば誤解して受け取ってしまう。聴く、耳を傾ける、ひたすら全身で聞く――すると道が開かれていく。

そして、やはりカオスなのだ。すべては常に変わり続けている。始めの頃、頼りにしていた人たちが突然いなくなると、きわめて腹が立ったことを覚えている。でもこれが人生なのだ。そう気がつき始めた。手間がかかるのである。落ちついて状況に応えられるよう、理解できるようにと、僕はモデルやツールを模索し始めた。コミュニティと協働するときのさまざまな段階や手順について、理解すべく努力した。新しい未来の創造へ向けて。

この本も生まれ始めた。二〇一三年七月に執筆の話をいただいた。純粋なうれしさと、それに続いて大変なパニックを感じた。最初の資金獲得のときと同じだ。そして徐々に、道が見え始めるのだった。

「混乱の真ん中」という観念が僕の中でますます重要になっている。混乱に心がかき乱されたり、片づけようとしたりしないことが重要だ、と気がつき始めていた。そうではなく、それと共存することを学んだのだ。清澄と混乱の往復を重ねてきたことで。混乱の鬱に落ちる前に気がつき、休むことが必要だと気づけるようになった。していることから離れて、瞑想、祈り、深い会話をすることが必要だと。

一年の終わりがやってきた。僕たちの獲得した資金も尽きようとしていた。僕たちはさまざまなコミュニケーショングループに分科し、多数のチームとパートナーが生まれていた。何かが起こるのかはこれからだった。二〇一三年のクリスマス前に日本を出国し、米国の自宅に向かった。良い仕事をしたと思った。しかしなお、僕には答えよりも多くの問いがあった。耳を傾けてきた物語を探究し、そこにあるものを見出しながら、著者という新しい役割に踏み込もうとしていた。

引き続き、一章ずつ段階を進みながら道を見つけていきたい。次章では、三・一一以後の数ヶ月間に光栄にも聞かせてもらった物語をいくつか共有させていただこう。

＊1　一七八ページ参照。
＊2　一二七ページ脚注参照。

4

Creating
a Future,
Together

共に未来を創る

——東北で生まれた新たな物語

東北の人々のコミュニティに僕がどのようにかかわり支援できるのか、わかるまで何ヶ月もかかった。まずは、今起きていることは何かについて対話する場づくりを、東北以外の地域から始めた。東北では緊急対応が終わって状況が落ちつくことが先で、新しい未来をどう創るか真剣に考える取り組みはそれからだった。

やがて、東北各地において多くの対話の場を主宰するに至った。その道を見つけるまで、たくさんの人々が助けてくれた（震災後の三年間、僕は幾度も来日し、各回二～六週間で計一四回、計一六ヶ月ほど日本に身を置いている）。

災害に襲われてから日常を取り戻すためには、どのように地域社会に呼びかけたら良いのだろうか？　そこにいる人々は、未来を築くために何から始めたらいいのだろうか？　もちろん順々にとはいかない。混乱、乱雑、暫定的で、時間がかかるだろう。たくさんの時間が。緊急を要するが、長い展望に立たなくてはならない仕事なのだ。そしてその仕事はそこにいる一人ひとりを要するものだと僕は思う。

未来は相互に耳を傾けることで創られていく。そう僕は思っている。対話から始まるのだ。対話のセッションでは、集まった人々は、それぞれの物語《ストーリー》に耳を傾け合い、学んだことを分かち合う。そして、僕たちが夢や悲しみを共にし、心を合わせるとき、より多くのことができる。そう僕は確信している。考えが深まり、さらなる情報が集まり、可能性が生まれていく。こうして、エレガントかつ最小限のステップで、次に協働する仲間が引き寄せられるのだ。こう書くと、まるで事が直線的に順番に進行するかのように思われそうだ。しかし繰り返すが、そうではない。そんなふうに始まるものでもない。

それは、自分自身を見出し、他者を見出し、そして今なされるべきことを行うことから始まる。しばしば最初は興味本位で、必ずしも重要なアクションにならないこともある。変化とはそうしてやがて起こるのである。やってみる。うまくいくところもあるし、いかないところもある。うまくいくところをもっと深め、そうでないところには固執しない。実験やプロトタイプが学びをもたらし、我々に必要な関係性が始まって、より大きな規模でうまくいく仕事が創られていく。

耳を傾けてきた物語《ストーリー》を振り返ると、僕にはそれぞれの道に置き石《ステッピング・ストーン》が見える。その石は、人々が新しい未来への道を見つけて前へと進んでいった場所にある道しるべだ。真っすぐな道ではない。人が一歩一歩、進むことで、できてくる道だ。

それら物語《ストーリー》の一つ一つはスタート地点なのだ。僕にとって注目すべきことは、人間である我々は、どうやって前へ進むかを自ずから知るということだ。我々は互いに出会っていく。混乱を振り払い、始めるための場を見つけていく。この能力を僕は世界中で見てきたが、日本の集合的文化は、さらに大きな可能性を持っていると思う。誰でも知っていることわざがある。「出る杭は打たれる」。だが三・一一は多くの人にとって、このことわざの外に踏み出し、自分が信じることや願うことのために立ち上がる契機になっている。特筆すべきは、日本では、人々は一人で立ち上がり、かつ皆と共に立つことだ。これは集合的文化から育まれるものであり、世界において最も強力なパワーの一つかもしれない。

この特筆すべき物語《ストーリー》をいくつか紹介したい。そこでは人々が、新しいものを生み出すために、一人で立ち上がり、かつ皆と共に立っている。

立ち上がる！

新しい社会はどのように築かれるのだろうか。政府の五ヶ年計画などが必要だろうか。卓越した洞察力のある特別な人々が、新しい明日を導くのだろうか。僕が信じるのは「共に築かれていく」というものだ。人々は前を見て築いていくのだが、多くの場合、それが何だったのかは後で振返って初めて気づく。そして、多くの普通の人々がささやかな努力を重ねていくことで、新しい社会は徐々に生まれてくる。

災害の後、新しい社会を築き始めるのに正しい場所というものはない。始める。ただ始める。自分が見ている可能性を信じて行動することに尽きる。自信と明瞭な目と勇気を持って前に進む。震災後、南相馬市で大きなコミュニティ・フェスティバルがあった。その打ち上げで、一人の女性が立ち上がって話をした。彼女は自分自身がコミュニティリーダーだとは思ったこともないという。「南相馬の人間は従順で、政府の指示を待つばかりと思われていました。もはやそうではありません」

全国で、人々は前に進む方法を見つけて、新しい日本を築くために自分ができることを差し出している。

立ち上がり献身的に働く人々を、日本全国で僕は見てきた。普通の人々だった。震災後の数ヶ月間、必要なことをとにかく進めていったのはその人たちだった。ボランティアセンターの編成、物資を運ぶトラックの運転、泥をかき出し、廃材を片づける作業。どれもコミュニティのリーダーシップによる行動だ。政府がすべてをどうにかすることは期待できないと気づいたのだ。誰もが何かしなければならなかった。そして、どうやって新しい未来を創ればよいのかという問いに心と理性で向き合った。誰もが立ち上がり、各々の考えとイニシアチブで進む必要がある。立ち上がった人々の物語《ストーリー》を次に紹介する。特に初めの二つは、道しるべとなる事例である。

一つ目の道しるべの物語

津波は、途方もない破壊力で大槌町（岩手県上閉伊郡）を襲った。高さ一五メートル、時速一〇〇キロ以上の速さに達した。数分であらゆるものが流された。芳賀《はが》正彦さんが住んでいた湾岸には、二五〇隻の漁船があった。二隻だけしか残らなかった。ここは、漁師の町だった。船がなければ魚は捕れない。最後の波が押し寄せていった後、芳賀さんはあたりを見渡した。町は、消えていた。漁業経済が、消滅した。大切な友はいなくなってしまった。農業も、全滅した。見回し、そして森を見た。そして周囲の丘を。それで彼は自分に言った。

「森がある、俺たちはやっていける」

人生のほとんどを自動車の整備士として過ごしてきた。しかし、本当は若い頃から森で働きたいと思っていた。森が彼を呼んでいた。残念なことに、森では生計を立てていけなかった。彼には養う家族があった。二一世紀に入りほどなく、彼は五二歳となり、子どもたちは皆、自立していった。彼は妻に許しを請うた。これからは森で働く道を行ってもいいか、と。

「津波が来てからというもの」芳賀さんは言う。「皆同じになった。金持ちも貧乏人も、大学出もそうじゃない者も、みんな変わらない。ほとんど皆、お互いを知らなかった。こんな小さな町なんだが……。避難所の中では知らない者どうし隣で枕を並べ合って、雑魚寝した。ろうそくの灯りだけ点して、隣同士で雑魚寝して、そのうちお互いの人生について話すようになったんですよ……」

屈強な芳賀さんだった。家族は全員生き残った。彼は生存者捜索活動に参加した。

「見つかるのは死体ばかりだ」彼は嘆く。「子ども、年寄り、人生半ばの男や女たち」

それは自衛隊が支援に到着する四日前のことだった。初日の夜、芳賀さんは眠れなかった。犠牲者たちの顔が視界から消えない。二日目の夜、眠れなかった。犠牲者の顔が目の裏に張り付いている。三日目の夜、もう耐えられなかった、それで外に出て、いまだに燃えつづく焚き火の炎を見た。絶望しかなかった。火を見ながらふと、「自分は助けられた命だ。今後の人生、犠牲になった人たちに恥ずかしくないように笑われないような生き方をしていこう」と心に誓った。その人たちの子どもたちのために、未来を築く。彼らと共に……。

希望を与えてくれたのは、森だった。徳川幕府の時代、すなわち日本が封建時代だったころ、日本の森林管理術は世界で最も進んだものだった。ところが近現代になるや、これらの術はことごとく捨てられていった。樹々は伐採され、またすぐに植樹される。その結果、土壌は海に浸食され、枯渇し、当然のこととして、森から得られるものも激減していった。芳賀さんは「昔の人たちから学べることがある」と言う。「森と共存し、森の恵みを受容する在り方を」。彼が立ち上げたNPO*は、まさにそういうことを行おうとしている。

「生き方を森が教えてくれる」と芳賀さんは言う。「また魚が釣れる日まで、森が暮らしを立てる。森で生き延びる」

二つ目の道しるべの物語

大槌町から南方へと離れた福島県南相馬市。ここでも一人の普通の男性が仕事をしていた。中心部が福島第一原発から半径二五キロメートル地点辺りに位置する、人口六万人の市である。震災から一年後、ここのヒーローに出会った。南相馬にあるフューチャーセンター、一般社団法人みんな未来センターでのことだ。彼は、なぜフューチャーセンターが重要だと考えるのか、僕と話したがっていた。

彼、箱崎亮三さんは飯舘《いいたて》村（福島県相馬郡）出身だ。飯舘村は南相馬に隣接する、人口約六〇〇〇人の村だった。きれいな空気と、おいしい水、豊穣な土地柄で、全国に知られていた。代々、森を生業とするのが彼の家系で、製材所を所有していた。今、飯舘村に暮らす人はいない。放射能汚染

＊ 特定非営利活動法人吉里吉里国。森林資源の有効活用などを通じて地域再生に取り組む。

により全住人が避難を指示されたからだ。ゴーストタウンなのだ。箱崎さんの森も汚染され、製材所はあってももう仕事はできない。三・一一の衝撃、つづく緊急事態。真っ先に、自分に何ができるか考え始めた。それで南相馬に移った。そこから五万人が避難しようという時に。彼にとっては、この地が故郷なのだ。

「ここに住むのは危険ですが、この地が故郷です。放射能と共にやっていきます。原発事故の実態はわからない。いつから物事を再開できるかもわからない。人権さえ守られるのかもわかりません。でも結局、たくさんの人がここに戻ってきています。他に住む場所がないというだけではない。私たちはここに住みたいのです。理由はそれぞれですが、やはりここが自分の場所なのです。だから、できる限り安全に暮らしていく方法を模索しなくては。だから除染について勉強しています。土地や壁や屋根や樹々の葉っぱから放射性物質を取り除くために」

箱崎さんは南相馬の人々と話し合うことから始めた。初めは、まったく知らないことをどう話せばいいのか、互いにわからなかった。しかし、知らないことでも話していくことを学ばなければならない。政府の手はいっぱいだ。しかも、今すぐ始めなくてはならない。

皆、初めから、子どもたちのためだけにするのではないと自覚していた。世界のためにする仕事なのだ。

「今、始めなければいけません」箱崎さんは言う。「世界中どこにも、僕たちのような小さな町が放射能にさらされて、町を一から構想し直して創り直したという事例はありません。この仕事はまず僕たち自身のコミュニティのためですが、それだけではない。残念ながら、原発事故は地上のどこかでいつか再び起きるでしょう。その地域の人たちにとっても、僕たちの経験が役に立つはずです」

当初から、彼らは仕事の記録を詳細につけてきた。行ったこと、手法、そして放射線の値――作業以前のもの、作業の直後、数週間後や数ヶ月後に至るまで。自分たちのため、そして、いつか再びどこかで原発の災害が起きたとき、そこの人たちのためにでもあった。二〇一一年八月、箱崎さんは一般社団法人南相馬除染研究所を設立した。野原や、家屋、自然から放射性物質を除去することが目的だ。ある学校から開始した。手始めに学校内五〇〇ヶ所の放射線量のデータを収集した。次に、屋根や壁を洗い、表面の土砂を除去。それから再び五〇〇ヶ所すべてを計測した。

「作業を始めた当初、放射線量は洗浄によって減っていました。でも、数週間のうちに再び上昇していました」。そこでまた戻って洗浄した。「二〇一二年初めまでには、洗浄後の汚染レベルは八月よりもはるかに減少しました。当初は、空気中の放射性物質がとても早く動いていたために再汚染度が高かったのですが、今では放射性物質は固定し滞留しています。新たに原子炉から放射能が漏れてくることもないようです。除染作業は安全でなければなりません。作業後に数値を計測する必要があります。その経験に基づいて、次の場所のための計画を再デザインします。そうして、皆さんと共有するためにレポートを作成します。作業員の安全、効果的な除染、そして計画、評価、どの領域でも吟味が非常に大切です。現在ほとんどの除染作業はボランティア活動です」

箱崎さんの言葉は続く。

「汚染に加え、震災は私たちに新しい人生の在り方について考えさせています。三・一一によって、生活レベルは下がりました。以前の基準に復帰しようとすれば三〇年以上かかるでしょう。戻そうとする代わりに、私たちは新しい在り方を、新しい社会を見つけなければならない。幸福を測るものさしを変えなければならない。以前も問題はたくさんありました。そちらの過去には戻りたくありません。たとえば、富める者と貧しい者との格差が拡がっていました。それをまた望むわけがありません。どんな社会を、どうやって創るのか、対話が必要です。この状況下で、子どもたちはどうやって大人になっていくのでしょう。若い人たちのために、新しい良い仕事を考えなければなりません。そうしてコミュニティを再構築していくのです。私たちの仕事とは、震災から復興すること、そして新しい幸せを現実のものとすることなのです。緊急事態は過ぎました。今は、新しい、幸せな社会を共に構築するため、人々を束ねていく時です。夢の町になっていきたい。それによって子どもたちは未来に対して希望を持つことができるのです。それには三〇年かかるでしょう。去る人たちもいるでしょうが、ここに引きつけられる人たちもいるでしょう。共に未来を創っていきたいと思います」

芳賀さんや箱崎さんは、僕にとっては日常のヒーローだ。彼らは権力の座にいるわけではない。政府からお金をもらっているのでもない。雇ったりクビにしたりする人も持たない。ただ、隣人と話をして、彼らの持っているものを今必要なことにどのように用いるべきか探し求める。新しい、より良い社会を創造するため、隣人の声に耳を傾け、話をするのだ。

未来は一人では創れない。もちろん、政府がすべき仕事もある。そうでないものは、企業や大学や非営利団体が対応できる。僕は、どちらの方が大事かなどと議論するつもりはない。どちらも新しい未来の創造へと僕たちを運ぶのだ。ただ僕個人は、芳賀さんや箱崎さんと共に在りたい。自分自身を奮い立たせ、隣人に呼びかけ、自らがイニシアチブをとって、自分たちが求める未来を築いていく、ごく普通の人々と共に。

世代を超え手をつなぐ

世界を見渡すと、若い人たちの持つ問い、ビジョン、コミットメント、エネルギーは、新しい社会を創造するのに最も使われていない材料だ。今一度言おう——若い人たちの持つ問い、ビジョン、コミットメント、エネルギーは、最も重要な資源の一つである。専門家やお金をたくさん持つ人たちではない。若者たちなのだ。彼ら単独ではできない。我々は共に立ち上がる必要がある。そこに未来がある。

二〇一〇年、日本各地で対話を主宰していたとき、多くの若者たちが喪失感と幻滅の中にいることに僕は気がついた。もはやうまく機能していない古い経済にはあまり関心を持っていなかった。かといって、彼らの多くは人生をどう歩み進めるのか確たる考えを持っていなかった。そして三・一一が起きた。さらなる問いが生まれた。ただ、若者たちが率先して援助を行う大きな必要性ももたらされた。

二〇一一年の五月に、全国の若者たちのための場を、僕たちの仲間が企画した。三・一一が彼らにとって何を意味するのか対話する場だ。第一回ユース・コミュニティ・リーダー・ダイアログ（以下ＹＣＬＤ）である。西村勇哉さんが立役者だった。彼は二〇一〇年にアート・オブ・ホスティングのプロジェクトのために僕を日本に連れてきた人物だ。二〇一一年後半、三〇歳になったばかりの彼は、新しくＮＰＯ法人ミラックを創立する。ミラックは、社会変革のための対話に焦点を当てている。

三日にわたるＹＣＬＤ初日の夜、福島から来た若い女性が言った。

「震災は、すべての人を同じ歳にしました」

彼女の発言は、状況を明白に言い表しているのではないだろうか。僕たち一人ひとりが同じ当事者という立場であり、震災はすべての年齢層の強みと才能《ギフト》を用いて新たな関係性を構築する機会をもたらしたのだ。

二〇一一年五月以降の六ヶ月間で、僕たちは五回の集まりを実施した。各回五〇人程の若者たちが清里のキープ協会に集まった。アート・オブ・ホスティングおよびフューチャーセッションの手法を用いて、僕たちは小さなコミュニティとなり、どのように互いの役に立てるのかという問いを探った。

そこにはいつも、年配の参加者も少しだがいた。特に福島からやってきた一人の男性のことを思い出す。彼は悲しみ、怒り、絶望でいっぱいだった。五〇代半ばの彼は最初のセッションで言った。

「この集まりのチラシを見たとき、私は年を取り過ぎていると思いましたが、どうしても来たかったのです。ここなら何かを見つけられると思って。一人では見つからない何かが」

この人は、震災が起こる前はきっとどこかに所属し、心の開かれた社交的な人であったことがひと目でわかった。その人が「今の自分は心が壊れてしまいそうだ」と言う。

「冷たい場所に凍りついたようで、何かをするために明るさや元気を奮い立たせることなどできません」

彼の慈しんでいた土地は破壊された。日増しに気鬱となり、内向きになって、心を閉ざすようになってしまったようだった。

しかしセッションが終了したとき、心折れた僕の新しい友人は、輪をぐるりと巡りながら、大声で話していた。

「私には希望が戻ってきた！　また動けます！」

それがどのくらい続いたのか、僕にはわからない。ただ、僕は彼が部屋から出て行くとき、彼がこれからも希望の光を思い出し、それが彼を助けていくことを信じようと思った。

東北において驚かされることとは、こうした世代を超える動きである。近年、若い人たちが地元に戻ってきている。これは「Iターン」と「Uターン」として知られている。Iターンとは、東北に直接の関係がなかった人たちが移住することである。その人たちは震災の後、この地に引き寄せられた。来ざるを得なかった人たちだ。Uターンとは、この地で生まれ育ったが、どこか別の場所で暮らしていた人たちが戻ってくることだ。故郷を想う心が彼らを引き戻した。以前は故郷には戻らないと思っていたかもしれないが、戻ったのである。

三〇代後半の鈴木祐司さんは、震災が起こった数週間後、四月二日に東京から仙台に向かった。助けなければならなかった。必要とされることは何でもした。そうしながら彼は自分のその後の道を見出した。彼は公益財団法人地域創造基金さなぶりに参画し、事務局を率いてきたリーダーである。「さなぶり」とは、古くから東北で広く行われていた儀式・風習の名称で、苗を植え付けたあとに「田の神」や田植えを手伝ってくれた人々への感謝を捧げる祝宴のことである。財団の仕事は、さまざまな「種（シーズマネー）」をまく仕事だ。種とはすなわち、この地をさらに豊かにするために必要なさまざまなプロジェクトだ。鈴木さんとその同志たちは、東北に寄付・支援をしたい人たちと、東北で仕事をしたい人たちを結ぶ仲介役として、さなぶりを運営している。

震災後に東京大学大学院を休学した若者もいる。震災発生の二ヶ月後、彼は被災地にやって来た。一一月までにその地域の避難所の三四〇世帯が仮設住宅に移動させられた。移動したのは高齢で職に就くことが最も難しく、介護が必要な人々だ。彼らは個々に分断された仮説住宅内で孤立し、人間関係を失った。その結果、自殺する人や病気になる人、病状が悪化する人の数が憂慮すべき状況になった。若者は近隣の店舗を訪ね回り、仮設住宅の人々に各店舗が提供できる物資リストを作成した。また彼は、仮説住宅のすべての人たちが定期訪問を受けられるようにした。彼は新旧コミュニティの間に橋を架けることに使命を感じている。

富山県出身の遠藤優子さんは、自分がどんな役に立てるのかわからなかったが、できることは何でもやってみるしかないということはわかっていた。二年半の間、彼女は復興作業を行うさまざまなＮＰＯと働いてきた。彼女はまた、東北のさまざまな場所、特に福島において、僕のために通訳もしてくれた。精神性の高い彼女は、人々が人生を向上させる支援をしている。

震災が起きたとき、小笠原啓太さんは横浜にいて、教育学の博士課程を終えようとしていた。三月中に仙台を訪れた。必要な物資を運ぶトラックの運転から始めた。自分が最も役に立てるところを探して働いた。前出の鈴木祐司さんのように、彼の目的は、東北で必要とされている資金を集め、寄付者が望むアカウンタビリティ（説明責任）を満たすやり方で、有意義に活用できる人に分配することになった。そのための組織、公益財団法人共生地域創造財団を設立するための初期費用は、別々の地域の二つの協同組合が提供した。

二〇一一年が始まったとき、これらの若者たちは誰も、自分が東北に移り住み働くことになるとは、思ってもみなかっただろう。彼らは皆、内なる呼び声に導かれた。彼らがやって来られたのは、若いからという理由もあるだろう。彼らは同世代だけではなく年長者とも関係を築くことができた。そうして必要とされる仕事に、覚悟と情熱をもって取り組んだのだ。

震災後すぐに、東京に事務所を置くＥＴＩＣ．というＮＰＯは、今後、三〜九ヶ月単位で地域支援活動ができるボランティアが必要になると考えた。そして二〇一三年末までに、実に二〇〇人ほどの人たちがＥＴＩＣ．を通してボランティア活動を行った。僕は彼らの多くと出会い、共に働く機会を得た。東京から来た賢い若者である彼らは、必要な物事を正しく上手に行うつもりで来た人がほとんどだった。実際は、ただ土地の人たちの話に耳を傾けて、その知恵や優しさを学びながら、そこにいることができるだけだとすぐに気づいた。皆、笑いながらそう語る。彼らＥＴＩＣ．のボランティアや、その他の何百人もの人たちが、地域に入り込んだ活動をしている。

彼らボランティアの多くが、三・一一以前は人生の「意味」を探していたと語る。彼らはいわば、東北で意味を見つけたのだ。謙虚な知恵と結びついた田舎の生活リズムは即座に人を魅了する。彼らはそこで意味のある仕事を見出したのだ――変化をもたらすと思える仕事を。ここには、彼ら若者のアイデアや視点が歓迎されるコンテクストがある。この世代を超える出会いは新旧両世代に影響をもたらす。年配の人が、何度も諦めかけたが、支援に来てくれた若い人たちを失望させることはできなかった、と語るのを僕は聞いた。ボランティアの若者たちが年配の集団に入ってきて、彼らの熱意が会話に新しい火を入れたのだ。そうして世代間に新しい関係性が生まれた。ある男性がこんなことを言った。

「若者たちが東北から出て行ったのは、私たち年上の者がそうしろと言ったからだ。東京に出て、自分で何かを成し遂げろ、と。私たちはただ、実はお互いがどれほど必要か、気がついていなかったんだよ」

これは、二〇一一年五月のＹＣＬＤの場で若い女性が口にした、「震災は、すべての人を同じ歳にしました」という言葉にも通じる。目に見えていなかった、世代を超えるつながりだ。

先祖にまつわる話にもふれたい。ご先祖様の知恵は、震災の前にも後にも、人々を導いてくれている。海外線に沿った丘のあちこちに石標が立っていて、どれも同じ事を告げている。「これより下に建てるべからず。津波はまた訪れる」と。この言葉を守っていた地域は安全だった。そうでなかった所は甚大な被害を受けた。海岸線沿いの神社は、不思議にも打撃から免れた。近隣の地域は壊滅的だったのにもかかわらず。

子ども、若者、壮年、年配者、そして、ご先祖様……そう、僕たちは皆、互いが必要なのだ。

ここ東北には「今」がある。僕たちが知る以上にそれが顕現している。我々は、見えるものも見えないものも擁する生命の大きな網の中に生きている。かつて存在した者たち、これから存在する者たち、その間にいる者たち……。我々が、あらゆるつながりに気づき、好奇心と敬意と寛容さをもって互いに接するとき、魔法がかかる。

共に立つ

コミュニティがコミュニティを作る（人の集まるところに社会が形成される）。それ以外はない。

震災後、数時間でこれは始まった。東北大学の講師である鎌田ローレルさんに聞いた物語だ。地震発生時、彼女は大学の研究室にいて、彼女とアシスタントはテーブルの下に身を隠した。何百冊もの書籍や、部屋の中のすべてのものが落ちてきた。地震は永遠に続くかと思われた。やっとの思いで二人は外に出た。雪が降っていた。めまいと混乱に襲われた。でも生きていた。遅い時間に彼女は滅茶滅茶になった自分のアパートに戻ることはできた。アパートの住人たちは、次の三日間、近くの避難所に身を寄せた。すし詰め状態の中、互いの息づかいを感じながら眠った。それまではほとんど互いに知らなかった隣人だった。ようやく家に戻り片づけを始めたとき、一階の紳士から招待があった。

「お持ちの食べもの、備品をお持ちください。小生はガスストーブを用意しております」

それで皆で集まって、日に二回、温かな食事にありついた。持っているものを分け合いながら、それぞれまた住めるよう家を調えていった。

そのようにして出会った人々はそれからも離れなかった。彼らは始める場所を見出したのだ。二〇一一年の後半に岩手県山田町大沢地区の千葉さんから聞いた話は非常に印象深い話の一つだ。彼は大沢地区の生まれで、航海技師だった。退職後にその小さな町に戻っていた。海沿いの地区の一八八世帯は壊滅した。津波の四〇分前に伝わった警報に留意した者は、高地へ逃げて助かった。そうでない者のうち一五〇人が犠牲となった。

避難指示が出されたとき、千葉さんと仲間数人は、大沢地区から一キロ離れた仮設住宅をあてがわれた。すぐに千葉さんは地元の行政機関の友人に、割り当ての交換を依頼して承認された。彼は昔からの隣人たちと奔走し、大沢出身のほとんどの人たちが同じ仮設に集まることとなった。そうして彼らの間に人間関係と物語《ストーリー》が始まった。彼らは直ちに自助努力を始めた。彼らは行政を待っていない。「自己組織」して、物事をなす。

千葉さんは非常に慎ましい男性で、彼の決断力はその場所で鍵となる役割を持った。彼は天性のコミュニティ・オーガナイザーだ。彼の話を聞いているうちに、いくつかの原則に僕は気がついた。

●行政を待たない。何かが必要なときにはそれを得るまで行政とかけあう。問題を大きくしない。迅速に関心ある人たちを招き、話をする。

●地域を超えた人間関係をできる限り構築する。つながり続ける。
●必要なことは何でもできるだけ速やかに自分たちでする。誰かを待たない。

このようにして、大沢地区の人たちはコミュニティを取り戻した。彼らが初めに気に留めたことの一つは、仮設住宅があまり居心地の良いホームではなかったことだ。それはまるで、端っこを互いに連結された小型の狭いトレーラーのようなものだった。人が一歩ドアの外に出ると、むき出しの土がある。そこで皆は力を寄せ合い、それぞれのドアの外に、小さな屋根、玄関先、縁側をこしらえた。次に、近隣の安全をケアする必要があると考え、毎夜ボランティアで地域をパトロールすることにした。さらには、自分たちの食べるものを育てることもできると考えつき、庭を作って野菜などを育て始めた。共に過ごす最初の夏が終わる頃には、彼らはこう語るようになっていた。

「我々は生きている。お祝いをしよう」

それで、村の祭りを執り行った。

二〇一一年が終わる頃には、彼らと一緒に働いてきてくれたNPOの元締め団体に、もはや支援は必要ない、と告げた。「本当に助けを必要としている所へ行ってください」

大沢地区のこの物語《ストーリー》は他の仮設住宅の状況とかなり異なっている。ほとんどの場合、公平を期するため、仮設住宅はくじ引きで割り当てられた。そして住人たちは何ヶ月もの間、まったく見知らぬ人たちとの新しい生活環境に投げ込まれたのだ。彼らはそこにいることが嫌だった。ほとんどの場合、コミュニティの一員であることに関心を持たなかった。大沢地区は違った。彼らの人間関係が、始める場所を与えてくれたのだ。

二〇一二の晩夏、僕はラーニング・ジャーニーを引率していて、宮城県石巻市の漁村を訪ねていた。テーブルを囲み、その朝採れた市場に出すワカメの仕込み方を教えてもらいながら、いろいろ話を聞いた。歓迎の笑みを浮かべながら、ある高齢の女性は、四〇年もこんなふうにしてテーブルの前に座っていると言った。海の幸をいただいた。カニ、エビ、ワカメ、ホタテ。ごちそうだ。僕たちは小さな水産加工場の中に座っていた。津波の後で新しく建てられたところだ。この地域、十三浜の物語《ストーリー》はどういうものだったのか。どのようにしてこの地域は離散しなかったのか。

ある女性は言った。「私たちをつなぎとめたもの、それは希望です」。また別の男性が言った。「まだ漁業ができたから」。別の人も言った。「まだ、海があったよ」

最初の一〇〇日は非常に大変だった。食料と水、着るものと暖をとるものを探す日々だったという。

「夜明けのたびに、その日が何をもたらすのか、見当もつかなかった。すると若いボランティアの人たちがやって来た。ものすごい熱意をもって」。彼女が言う。「助けに来てくれた。だから私たちも希望を失うことはありませんでした」

では、そこからどのようにして前に進んだのか？

「お互いがいました」と彼らは言う。「以前は四〇家族がいました。今は、一五家族です。私たちは自分たちのコミュニティが仮設住宅を造れる場所の見当をつけました。そこをきれいにして、行政に伝えたのです。生活を立て直すためには私たちは一緒にいなければならないと。場所も見つけているから、どうかここに仮設住宅を造ってくださいと」

愛おしむべき人たちだった。親切で、誇り高く、笑いを忘れず、真摯だ。犠牲になった人もいる。出て行った人もいる。残った人たちは、力を合わせて生活していく。することはいつもたくさんある。長く住める家が必要だ。商品を売るための販路も必要だ。より大きなコミュニティが必要だ。しかし、少なくとも行動を開始したのだ！

「共に在る」という別の物語《ストーリー》を紹介しよう。福島県にあるピーチハートという小さな任意団体の話だ。二〇一二年秋のある夜、僕はリーダーである女性たちと座り、ある困難な局面における互いの対話を促す手助けをしていた。ピーチハート創立者の一人である宍戸慈《ちか》さんはラジオ局のパーソナリティで今は札幌の北に住んでいる。福島で育ったが、今はそこに住もうとしない。でもよく訪ねている。鎌田千瑛美さんもまたここで生まれ育った。彼女は支援を必要としている人々をサポートする活動に使命を感じている。日塔《にっとう》マキさんは千葉に一時避難している。福島の若い世代の女性たちが、多様な価値観を認め合いながら、本音で語り合える場づくりをめざして活動している。三人はとても仲がいい友人だ。

宍戸さんは、チェルノブイリの訪問から帰郷したばかりだった。彼女自身が福島から避難した選択が正しかったのか。自分の目でチェルノブイリの現実を見つめたことで、福島から避難しない選択をしたメンバーらにも、厳しい現実を知ってほしかったが、彼女もまた、どの情報をどのように共有すべきかわからずにいる。

福島では生活のさまざまな側面が混沌としている。確かなことは、情報よりももっと知識や知恵が必要だ、ということだろう。情報は時として人を惑わせる。チェルノブイリと福島に共通すること、またそうでないことは何だろう。日本とウクライナの文化の共通点と差異はどこにあるのだろう。チェルノブイリ事故から二五年が経った現在、僕たちが以前よりも知っていることは何だろう。福島の人々にとってチェルノブイリから学べることはあるはずだが、それは何だろう。

三人の対話は続いた。知っている情報のすべてを伝えなかったとすれば宍戸さんは責められるのだろうか。黙っている方が良い時とはどういう時なのだろうか。真実を伝えることと、知っているすべてを伝えることは、同じことなのだろうか。他人を説得しようとして相手を間違っていると言っても、それは相手の考えを変えることにはつながらないだろう。相手の考えを変えることを意図せずに、ただ自分自身の真実——希望、不安、恐れ——を語るだけで十分なのだろうか。

三人の素敵な若い女性たちは、互いが必要だ、と知っているのだった。互いの差異を消す必要はない。彼女らは互いの差異で互いを分断しなかった。考えが違うのはわかっている。考えが違うからこそ、共にいることが必要なのだ。自分たちの進む道を見出すために。

違いがあるなかで——強い感情的な違いの場合もある——共にいるには、好奇心と敬意と寛容さを必要とする。そのような「場」を持つことができたとき、僕たちはそれぞれの違いによる不安を抱えながらも、進むべき道を見出すことにつながる新たな明瞭さを得ることができる。それが三人の活動していることだ——福島の若い女性たちが前に進むために共にいられる場をつくること。それは互いや他の人々を同じ方向に動かそうと説得することではない。次のステップを見出すために共にいることなのだ。

フューチャーセッションのために南相馬市に到着した夜。僕たちが着く直前に、三・一一以来最大の余震が起こっていた。震源は近い。南相馬の会場は沿岸から三キロほど内陸にあり、福島の原発からは一五キロの距離にある。震源は、沿岸から二四〇キロ、マグニチュード7・3だった。僕たちは、静かに笑顔で語り合っていた二〇人ほどの集まりに加わった。津波注意報があった。福島の原発は今の地震で破壊されたのだろうか。さらに放射性物質が飛んでくるのだろうか。津波が来るだろうか。

突如として僕は、毎日を精一杯生きている南相馬の人たちの間にいることを意識した。確実なことは何もない。何をしたら良いだろう。すぐに心は決まった。フューチャーセッションを予定通り開始すること。避難勧告があったら、すぐに行動しよう。僕たちは互いの知恵と洞察力を求めていた。これは三・一一から得た核心的な学びの一つかもしれない――問題が何であれ、僕たちは互いに向かい合うことから道を見出していける。

僕たちは輪になって対話を開始した。わき起こっていた僕の不安は落ち着いていった。自分が一人ではないことがわかっていたし、ドアを開けて別々の方向に飛び出していくよりも、共にもっと賢明な判断ができると思っていた。

注意報が解除された。今回は大きな津波は来なかった。パワフルな夜だった。いかにして不確実性を生きるのかを語り合った。

「レジリエンス」という言葉を多くの人が口にする。しかし、それは何を意味するのか。「ストレス耐性」「底力」「何が起こってもしなやかに立ち直れるクリエイティブな力」といった意味で使われている。では何がレジリエンスを促進させるのだろうか。

それは、もう一つの使われ過ぎている用語と共に用いられることもある。「ソーシャル・キャピタル（社会関係資本）」だ。「レジリエント・コミュニティはソーシャル・キャピタルをうまく使っている」といった具合だ。何のことだろう。僕にとってそれは、互いの関係性の中に立つ、ということだ。そういう状態のとき、お互いはその力、資源、能力をわかっている。友人同士かもしれないし、そうでないかもしれない。いずれにしても、一人では達成できない目的を共有して、互いに意識的な人間関係を結ぶということだ。

一人で行く

もちろん、現実はそれほど簡単ではない。こんな例もある——時には、一人で行くことから、共存が始まるという話だ。

その日、信じられないほど多くの子どもたちと先生たちが犠牲になった。一緒にいたためにそうなった事例もある。安全な避難場所だと思われるところへと、先生たちは可能な限り迅速に誘導した。だが屋根が落ち、彼らは犠牲になった。

二つの例外的な物語《ストーリー》を聞いた。

一つは、石巻市雄勝地区にある中学校の校長の話だ。それは胸に迫り心に響くものだった。その校舎は完全に倒壊してしまった。建物はまだあるが、廊下や教室にあるのはガラクタであって生徒ではない。地震が起きたとき、子どもたちは避難するために外に出た。それが命を救った。もし校舎の三階に避難していたなら、多くが犠牲になっていただろう。海からかなり内陸だが、波が押し寄せてきたのだ。校長は、周囲の丘に向かってできる限り速く走れと指示した。その後、水が三階建ての校舎を呑み込んだ。

校長がすべての子どもを確認するのに八日間かかったという。ほとんどは水が引くまで丘の上で凍えながら三日間を過ごした。校長はすべての生徒を確認した。生き延びたのだ。奇跡は、起こるものだ。

もう一つ同様の話を釜石市の北でも聞いた。この辺りは、他の湾岸地域より犠牲になった子どもの数は少なかった。同市の先生たちは、政府が指示した災害対策のやり方は十分ではないと判断した。そこで自分たちのやり方で行動した。彼らは地元三校の校長たちと共に、ある昔からの知恵に従い、三つの原則を子どもたちに言い聞かせていた。シンプルで直接的、かつ、簡単に覚えられる。

その原則とはこうだ。

「想定にとらわれるな」

「最善を尽くせ」

「率先避難者たれ」

昔からの知恵とはこうだ。

「家族を探すな」

できるだけ早く逃げる。誰かを待たない。すぐに動け。特に最後の昔からの知恵は難しい。しかし、昔の人たちはわかっていた。誰かを探しに行って命を落としてしまう（かもしれない）ということを。もし一人ひとりが、できる限り早く逃げていたなら、もっと多くの人たちが助かっただろう。

「一人で行く」というステップについて、格別に記憶に残る物語がある。先に紹介した漁村、十三浜での話だ。

佐々木さんの家族は代々、海と共に仕事をしてきた。震災の日、佐々木さんは子どもの卒業式のために仙台へ出かけ、午後早めに十三浜に戻っていた。家に着いてすぐ、大地が揺れ始めた。経験のない揺れだった。彼の父親、そしてその父親が、いつも言っていたことを思い出した。

「もし津波が来るなら、船を出して沖へ向かうことだ」

彼は港へと急ぎ、手早く錨をほどいた。ほかにも九人の漁師たちが来ていた。共に船を繰り出した。

津波が来るまでに五〇メートル沖合へ出なくてはならない、と先代が言っていた。さもなければ死ぬ。互いに手信号を送り合い、共に沖合へと向かった。ラジオを聴きながら、今、起きていることの中に望みをかけながら。

再び家族に会えるのか。家族は高台へ逃げ切れるのか。彼らと船は嵐から生き残れるのか。わからなかった。だが昔からの知恵に従うしかなかった。

突然、船が揺れ始めた。津波が下をくぐり抜けたのだ。そして海は形相を変えた。激しく揺れ動いた。大雪が分厚く落ち始めた。もはや互いの姿が見えなかった。寒かった。とても寒かった。ラジオが想像を絶する破壊を伝えていた。燃え上がる火が見えた。船の男たちは、家族に彼らが見えるようにと灯りをつけた。もし、生きていればだが。

この道しるべをこんなふうに表現しよう。「誰かの許可を求めず、自分の心に従おう。各々すぐに始めよう」。「一人で行く」ことが、その中心にある。簡単なこと、都合の良いことだと思われるだろうか。そうではない。するべきことを見定める。その道の同志となる友を探す。そして動く。誰かの許可を求めることはない。迅速に行動するのだ。

レジリエンスとは結局、このような資質を深めることから創発するように僕には思える。自分のなすべきことをすること。先代の知恵と現在の状況、両方に導かれながら、今、行動することだ。

地元学

限られた知識と資源でどうやってコミュニティを構築するのか。本来世界中の人々が知っている。新しいことではない。常にコミュニティは形成されてきた。しかし近年では、時に忘れてしまっている。米国では一九九〇年代にこうしたアプローチが「資源ベースのコミュニティ開発」、すなわちＡＢＣＤ（Asset Based Community Development）として注目された。しかしＡＢＣＤは米国の専売特許ではない。日本には、地域から学ぶということで「地元学[7]」というものがある。最初は一九九〇年代の水俣において広まった。地域が水銀汚染からコミュニティを回復していく過程で中心的役割を果たした。

地元学はそこにある地域資源に着目する。そしてその資源が有意義に使われるようコミュニティの人々のイニシアチブを促す。「持っていないものを求めず、持っているものから始める」が地元学の原則だ。また、コミュニティが持つものを見出し、それを効果的に利用するために「土と風」、つまり（土として元々いる）ローカルな人々と（風のように去来する）地域外の人々の協働にも重きを置く。要は、自分の周りを見渡し、そこにあるモノを見つけ、新しい用い方を創造するということだ。

気仙沼市の清水家では地元学という言葉を聞いたことはなかった。だが、家業の水産加工工場が破壊されてから、一家の人々は本能的にこの原則を実践していた。漁船、冷凍工場、魚介加工工場、ほか諸々を津波が破壊していった後、辺りを見回し、残ったものをかき集めた。その一つが船の帆の素材である帆布だ。これをどうしようかと思案した。あれこれ話し合って、一つの考えが浮かんだ。

「これを明るい色調に染め、壊れてしまった町の名前をあしらったハンドバッグを作ったら？」

数週間も経たぬ間に、一家の長男が、できあがった製品をいくつか携えシアトルへと売り込みに赴いたところ、たちまちにして売れ切れた！　こうして始まった会社、ＧＡＮＢＡＲＥ株式会社では、帆布を利用して、iPadカバーから野球キャップまで何でも作ることとなった。

地元学が生み出すもの、その一つは「姿勢の変化」だ。すなわち、持っているモノを新しい目で見るまなざし、およびその明瞭な認識である。そうして何であれ、それが導くものに寄り添う。

震災から一年以上経ってからのことだが、岩手県大槌町において、皆で未来を新しく想像するためのフューチャーセッションをシリーズで四回行った。皆、持っているモノを眺めた。たとえば、水。かつてわさびを育てたきれいな水は、観光客を引きつける呼びものになるかもしれない。また、長く培われてきた地域の花々に関する知識は、昨今東京で人気のあるプリザーブドフラワーのビジネスに活かし、ヨーロッパからの花々と対抗できるかもしれない。

このような着想は複雑なものではない。コミュニティに関係性を蘇生させるための、初期の取り組み例だ。

津波は大槌町を荒廃させていた。六五〇隻あった船のうち六〇〇隻以上が破壊されたのだ。生き延びた人たちは町を離れていく。悲嘆と絶望のためだ。しかし、このグループは違った。まず始める場所を見つけた。もしかしたら最初の考えはうまくいかないかもしれない。よくあることだ。しかし、僕たちは行動し、学ぶ。何回でも。関係性を築き、コミュニティを築く。最初の糸口を見つけて。

福島においては、彼らが持っているモノの一つ、すなわち放射線と共存する方法を学習している。ある町で、野外遊技場で子どもたちのためのフェスティバルを実施したいという話を聞いた。土の上で遊ぶことは禁じられていた。町の人は何日もかけてある公園を掃除して除染した。子どもたちが、ただその朝そこで遊べるように。翌日にはもう、放射線で安全ではなくなるとわかっていた。だが、彼らは始めることができた。

地元学とは、誰かからの許可を待つことなく、直ちに今、あなたが持っているものから始まる物語《ストーリー》だ。地元学が深まるにつれ、あなたが生活と考えている在り方全体が変わり得る。一〇年ほど前の出来事を僕は思い出す。インド、ウダイプールにあるヴィシャールの家の中庭で、彼と共に座っていた。彼は小道具で、車の古いタイヤを美しいハンドバッグにする仕事をしていた。ふと、ヴィシャールは、「君にはわからないだろう?」とでも言いたげな目で僕を見た。そして言った。

「バッグを作っているんじゃないんだよ」

僕はもっと話してほしいと言った。彼は言った。

「こんなふうに仕事をしていると、世界が異なって見えてくるんだ。ゆっくりとしてきて、持っているものが見えてくる。そして新しい可能性が見えてくるんだ」

いわゆる現代社会では、僕たちは自身の大部分を手放して暮らしている。子どもたちは、牛乳はお店から来るものだと思っている。牛ではなく。僕たちは、子どもたちの学びについて教師に責任があるかのように思っている。芸術をそういう種類の製品として消費する。僕たちは、生命それ自身の真髄から、はるかに遠ざかってしまった。地元学は、根本的な再認識を促す。それは僕たちのまなざしを、僕たちの持っているものへダイレクトに向けてくれる。人生をよりよいものにしてくれる誰かを待つのではなく、僕たちが生きている豊かさそのものを見つめることを、思い出させてくれるのだ。

今どこからでも始められるところから

地元学は、そのとき始まろうとする事柄に、直接的に結びつく。今、始めよう。どこででも、始めてみよう。未来へ向かって新しい道を作ろう、一歩、また一歩。

陸前高田市で、元市議会議員の人が話している。行政はもはや新しいものを創造することができないでいると。

「今こそ市民の創造性の出番です。行政は議会を招集しても何も変えることができないままです。今必要なのは、上昇スパイラルです。市民の創造性を開放し、旧き伝統・新しい技術、この二つを融合し、新しい未来を創っていく。それが必要です。……新しい建築スタイル、廃棄物ゼロ、真剣に考えなくてはなりません。……クレージーと思われるかもしれませんが、若い人たちはたぶん、津波から走って逃げられますので、お年のいった人より下の階に住んでください。でも中年になったら無理ですから上の方です」

新しい社会を創造する、というときには、ちょっと変わっていることを厭わぬ覚悟が要る。まず立ち上がること。成功しないかもしれないことでもやってみること。特に福島や沿岸地域など、過去が失われたところでは、本当にそうだ。戻る過去自体、ないのだから。そして、僕たちはどんな未来を創るのだろうか?

福島の農家の人はこう言った。

「自分たちが感じていることに気づくために、アタマとココロを開かなくてはなりません。自分を開いて、他者も受け入れる。考え方も変えていかなくてはならない。大学だけが重要ではないと子どもたちにも話していかなくてはならない。そう気づいたんです。どうやって自然に向き合い、自然の中で生きていくか。自然界とどのようにつながっていくか。それを学ばなくてはならない」

年配の女性は言った。

「福島の人は礼儀正しく、忍耐強いです。でも自分たちの声をどうやって政治に届けるのか知らないから、勉強しなくてはいけません」

別の福島出身の農家の人は、自分たちが管理できることにもっと注目しよう、と言った。

「自分たちが放射線をコントロールすることはできないと分かっている。でも、どうやって共に生きていくか学ぶことはできる。政府は農作物の抜き取りチェックをすると言っているが十分ではない。厳しい基準と全数検査が必要だ。放射能に汚染された農作物など売ることはできない。厳格な検査であれば、全国の人たちもまた福島の食べものを信じるようになってくれる」

今持っているものから、すぐに始める――二〇一二年初頭に、友人たちが南相馬市で集まって、「フューチャーフェスティバル」を開催した。一〇〇〇人以上が集まった。音楽パフォーマンス、プレゼンテーション、対話など、多彩な催しに人々が参加した。それを通して、人々は共に未来を考えることとなった。その日の終わりに、運営者の一人で地元のクリーニング店を経営する女性が乾杯の音頭をとった。

「三・一一以前の私たちは、従順で、政府の指示をただ待つだけでした。今は自分たちがやらないといけないと知っています。行政を待つことはできません。互いに手を取り合って、共に未来を創りましょう」

それが今、彼らのやっていることなのだ。

みんな未来センターのリーダーたちの顔ぶれはおもしろい。トラック運転手、クリーニング店オーナー女性、酪農家、看護補助者、バーテンダー、といった具合だ。普通の人々が、何かするべきことがあると知って集まったのだ。一人は、南相馬から数時間ほどのところに避難指示で離れていた。彼女が戻れるまでに一年かかった。また一人は、その家族がどのように離散の憂き目に遭ったかを話してくれた。彼と妻はここに留まりたかったのだ。彼らの家で、子どもたちと一緒に！彼の両親は、子どもたちを殺すつもりなのか、と彼らをなじり、宮城へと転居した。彼は、二度と両親と話すことはないだろうと覚悟している。それでも彼らは留まった。そうしなければと思った。ここが故郷なのだ。危険もある。しかし、危険はどこにでもある。そしてここが故郷なのだ。

皆長くかかる仕事だとわかっている。一人が話してくれた。どんなふうに互いに「個人のフューチャーセッション」をして、それがうまく作用しているかを。僕たちがしていることとは、コミュニティのマインドセットを少しずつ変えていくことだ。自分たちで共に未来を創れることを知るために。

彼らはごく普通の人々だ。新しい暮らし方を創ろうと共に働いている、ごく普通の人々だ。

ここで、問いが僕の心に浮かぶ。変化とはどこからやって来るのだろうか。僕は思う。それはコミュニケーションしようとする人々のいる所、どこからでも始まるのだと。時には少し気持ちが揺れながらも、できることをしてみる。時にはそれが、後から振り返れば何百万本もの木々を育てることとなった運動の始まりだったと気づくことにもなる。木を植え始めてから二十数年後にノーベル賞を受賞したワンガリ・マータイのように。* 彼女たちは、最初の木々の多くが枯れてしまったことを告白している。その経験で正しく育てる方法も学べたわけだ。一方で、政府の官僚が彼らだけで物事を決めて実行することもある。土なしで野菜を作ろうとするようなものだ。

始めるための場所と、明瞭な視野、勇気、そして何かが始まるという確信。これらがあるとき、変化は起こる。たいてい皆、何が起こるのかはわからない。たとえわかっているつもりでも。何が進展したのかは、歩いた道のりを振り返る時になって、明らかになるのだ。集まっている中でその時点の最上のアイデアが生まれ、何かが始まることが感じられる場所があれば、それは起きる。そして、起こることを、見る。語り合う。学ぶ。さらに話し合い、次にすることを決定する。さらにその次。これを十分な時間行っていると、強化すべきこと、手放すべきことがわかってくる。何がうまくいって、どうしたらそれをもっと取り入れることができるか、わかってくるのだ。

そしてやがて、誰かが現れて、手続きのマニュアルなどを書くだろう。それは、もはや変化の時ではなくなったということだ。それからは何度でも同じことをするのだ。僕たちはその結果を気に入ったのだから――それもまたよい。が、それは次の段階に入っていることを意味する。

これが東北において、もっともっと実現していきたい段階の一つである。物事が落ちつくのに三年を要した。たくさんの人が消耗している。対話やネットワーク作りに倦んでいる人も多い。皆、今すぐ何かきちんと機能し、生活が向上することに取り組みたいのだ。何が可能なのか知ることができる試みは常に大切だ――いつでも始め、始まったことは引き継いでいく。そうして学んだことを識別して、より広いスケールで実践していくことが、とても、とても大切だ。

この三年間は、「自信」を取り戻すための期間だった。これからは、焦点を定め、互いに学ぶべきことを学び、そうして未来を築く長い道のりを一緒に歩くための時間だ。

失ったものを嘆く

その日、その若い女性が丘を駆け上っていくと、お婆さんが歩いているのに出くわした。ゆっくりとした歩みだった。「一緒に行きましょう」と若い女性が言った。しばらくは二人並んで急いだ――ゆっくりと、とてもゆっくりと、急いだ。何分かの後、お婆さんが言った。

「どうぞ、先に行ってください。自分の命を守りなさい。あなたはまだこれからなのだから、行ってください」

重く辛い気持ちだったが、若い女性は、再び山を駆け上がり始めた。津波の押し寄せる音がした。後方で。振り返った。ちょうど、お婆さんが波に追いつかれたのが見えた。浮き沈みの後、波間に

＊　ワンガリ・マータイは一九七七年から土壌の浸食と砂漠化の防止のための植林活動を行い、「持続可能な開発、民主主義と平和への貢献」により二〇〇四年にノーベル平和賞を受賞した。

その姿が呑み込まれていった……。

それから五週間後、僕は初めて石巻市を訪問した。瓦礫に次ぐ瓦礫が何キロも続いていた。当時一六万人をやや上回る石巻の人口のうち、二万二〇〇〇人が家を失い、一五二ヶ所の避難所での生活を余儀なくされた。過去は跡形もなく流された。これらの損害と破壊は驚異的であり、日本人の集合的感情の領域には巨大な傷が生じ、それが全国隅々に拡がった。

日本人の集合的文化においては、共感的心情があらゆることを包み込む。時に息詰まるほどであり、また時には安全を提供し、深く濃いつながりの感覚となってさまざまな表れ方をする。場合によっては痛いほどに。東京の人たちは、悲嘆やその他の感情を覚えることに罪の意識を感じていた。結局のところその人たちは、友人も家族も、財産も失ってはいないのだ。福島では、多くの人たちが非常にたくさんのものを失った。収入はなく、そのため、なかには原発で働いて給料を得る人々に対して怒りを覚える人もいた。だがその人たちは危険を賭して原発で働いているわけだ。後になって、怒っていた人たちは罪の意識に苛まれる。静かに自らの命を断った人たちもいた。気持ちを切り替える人たちもいた。切り替えて、まるですべて問題ないかのように振る舞った。本当はそうではないと知っていても。

このような感情的反応は全国に拡がっていた。震災から一ヶ月、四国のテレビ局でフューチャーセッションをしていたとき、初日の終わりに、重役の一人が僕に自分の物語《ストーリー》を話し始めた。

「ニュースから気持ちをそらすことができませんでした。ずっと頭から離れない。日本は終わったと思いましたね。私たちの人生が終わったと思った」

一ヶ月後、別のフューチャーセッションのために僕は名古屋にいて、ある大きな工場のビジネスリーダーと一緒にいた。僕たちは、その前年に何回か会っていた。会って最初に、どうしているかと尋ねると、彼はさらりと答えた。

「ずっと仕事をしていますよ！」

それが午後になってまもなく変化した。彼の反応はもっと深化したものになっていた。

「もうニュースは見ていません。見ていられません。家族といるときには何事もなかったかのようにしていて、そしてオフィスに行く。そこでもまた普通にしている」。自分の胸をたたいて、彼は言った。「でも胸の内はまったく違います。私は悲しい。そして混乱しています」

一年半以上の後、石巻に僕は戻ってきた。日本や世界各国から集まった二〇代の若者たちのためにラーニング・ジャーニーを率いていた。地元の水産加工工場の社長さんと一緒にいたときのことだ。彼が、大きな声を出して疑問をぶつけてきた。親友を震災で亡くしたという。

「なぜ彼は死んで、僕は生きているんだ？　なぜ波がやってきたときドアも窓も開かず、彼が車に取り残されなくてはならなかったんだ？　どうして彼が波に呑み込まれて死ななくちゃならなかったんだ？」

七六人の従業員、彼の妻や息子も含め、皆なんとか高台に避難できた。もちろん、それぞれ家族や友人を亡くすなど、物理的にも感情的にも傷痕が残った。二〇一一年の終わりまでには、三分の一に縮小したが業務を再開することができた。忘年会をして、生き残ったことを祝った。お酒はなかったが、たくさんの上等な食べものがあった。それから輪になって、命の意味について語り合った。

「私たちは忘れないためにここにいる。大勢の人が亡くなった。私たちは生きている。なぜなのか？」

彼がそう言うと部屋は静まり返った。辛い言葉だった。悲しみが場を覆った。

「これまで日本で理想とされてきた家族とは何だったのだろう？　素敵な家があって、新しい家電製品やピカピカの車を持っている。子どもたちは良い学校に通っている。でもそれで幸せなのでしょうか？　人生はそれがすべてでしょうか？　僕は、今日は大丈夫です。でも日によっては、とても辛い。僕の近しい友だちは、ほとんど毎日のように自殺について考えている。でも、僕も諦めそうになるたびに驚くのですが、仕事で付き合いのある誰かがやってきます。ここ石巻に。ただ一緒に私といてくれて、できることを何やかやと手伝ってくれます。私の工場から一〇トンもの汚泥を、四〇〇人以上がボランティアでかき出してくれました。孤独だった時もありました。ただ自分と、泥と、悲しみだけだった時も」

震災以来、僕は日本全国で何度も、人々と輪になって座ってきた。未来に何があるのかと対話を重ねてきた——未来の一隅には、悲嘆がある。それは常に僕たちの一部だろう。そうしてそれは、違う未来のための燃料でもある。もしその悲嘆を隠してしまおうとするなら、人は心を病んでしまう。多くの人々が仮設住宅でも亡くなった。自ら命を断った人もいる。しかし、悲しみはそれを受容するとき、力を与えてくれる。感情を良いとか悪いとか決めることなく、ありのままをただ受け入れるとき、人は気づく。僕たちには、あるべき互いの関係に立ち戻れる力があることに。悲しみはいつも曖昧さや不確実さと共に在る。それらを自ら受容することで、次のステップに進むことができる。

悲嘆は最後の道しるべだ。それは最も手強い。忘れないでおきたい。ときどきこの三年間の物語《ストーリー》を分かち合う機会があるが、いつ涙が出てくるかわからない。勝手に出てくる。そうしながら僕は先へと駆け抜けていく。悲嘆とは燃料なのだ。僕は思う。亡くなった家族の分も生きようと努力する若者たちのことを。なぜ自分は生かされたのか、自問自答する人たちのことを。返らぬ過去を想い、涙する人々のことを。

悲しみを口に出し、語り通すことができたとき、悲嘆は生まれようとしている未来を触発する燃料となる。

最近した会話だ。僕たちは、災害がどのようにして「しなやかな生命力の源泉とつながっている」レジリエントで健全なコミュニティを生み出すきっかけになり得るか議論していた。その中でカナダからの友人が、本章で挙げた道しるべの物語《ストーリー》の核心についてこう言った。

「ほとんどの人は、災害の後、再び〈新しい平常《ニュー・ノーマル》〉を創り始めるべき時を、よくわかっているんだよね」

その発言は衝撃的だった。非常にシンプルなコメントだが、道しるべの共通性を示している。我々はどうすればいいかを、どこかでわかっているのだ。我々は、互いにどのように向き合うか、どのように自身の内面に従い、内なる力を得ていくか、どのように一人で歩き、また共に寄り添い合うか、実は深いところで知っている。それは人類がこの一千年の間に学んできた知恵なのだ。

ただ忙しい現代では多くの人がそれを見失っているのである。

5

What's Different Now?

今、何が違うのか

――個人の内側で起きた変化

それからたくさんの昼と夜が過ぎた。地震、津波、原発の三つの災害が多くを奪い去ってから。それらは何を後に残していったのか？　新しい未来、それを共に創ろうというとき、何をよりどころにすればいいのだろう？　土台は何か？　何が変わり、何が変わらないのか？

僕が見聞きしてきたのはほとんど、コミュニティの中で起こっている物語《ストーリー》だ。しかし、人の内面では何が起きているのだろう？　その内側の変化により、今、何が目に見えるものになり、何が可能になっているのだろう？

本章で紹介する話は、人々がどんな場を見つけて先に進んだのかにまつわるものだ。それらは多くの日本の人々にとって、今すぐにも人生の方向を見定める手助けになるかもしれない。

何人かの友に話を聞かせてほしいと頼んだ。二〇一三年一二月のことだ。電車や車、またカフェやスカイプで、僕はｉＰａｄを開き、話を聞いた。簡単な質問から始めた。

「あなたにとってこの三年間で変わったことは何ですか？」

そこから出てくるものを追っていった。それは、ただ友人との会話を集めただけのまとまりないサンプルではなかった。彼らが言いたかったことの中にある似通ったところは、ある意味では特別な話ではないかもしれない。彼らはただ僕がこの仕事を通して出会った人というだけだ。それでもなお、彼らのコメントは、今の日本の表面的日常の下で確かに動いているものを明らかにするものを含んでいると思えてならない。我々の多くが今や、何かが違うと感じている。それは何なのだろうか？

僕の取材ではほとんどいつも、ある一人の話を数週間かけて集めるのだが、ここでは彼らの話をまとめて、相互に関連するものとして紹介したい。彼らが一緒に輪になってそれぞれの話を共有していると想像して書いてみよう。まず、この特別な場にいる僕の仲間を紹介する。

三田《さんだ》愛さんは株式会社リクルートライフスタイルじゃらんリサーチセンター*の研究員である。全国の地方の方々のネットワークを構築し、強靱で活力のあるコミュニティ形成について共に学ぶ場を創っている。彼女の「共に働くこと」に対する洞察は強い決意と相まって、新しい道を見出している。

遠藤優子さん、マメと呼ばれている彼女は、内面の声に呼ばれて東北にやって来た女性で、大いに僕の仕事を助けてくれた。第一に通訳として、それから人の話を傾聴するパートナーとして。

榎本英剛《ひでたけ》さんと僕はＣＩＩＳ大学院出身のよしみだ。彼は日本にプロフェッショナル・コーチングの手法を紹介した立役者であると同時に、日本におけるトランジション・タウン運動の先駆者でもある。

＊　株式会社リクルートライフスタイルに設置された観光・地域活性化の調査研究機関。

井上英之さんはソーシャルベンチャー・パートナーズ東京の設立者である。また夫人の井上有紀さんは社会的変革《ソーシャル・イノベーション》について研究している。彼らは、三・一一以後に、人生のトランジションを求めて軽井沢に移動した。さらに二〇一二年から二年間、米国に滞在し、自分たちの真の使命を探している。

鎌田千瑛美さんは、若くて親切でしなやかだ。福島の若い女性のためのサポート組織ピーチハートの共同設立者である。生き方についての困難な問いに取り組んでいる。

西園寺由佳さんは五井平和財団の理事として世界各国の若い社会活動家と活動しており、互恵的な仕組みによるレストラン「カルマキッチン」を日本で仲間と共に始めた。日本における僕の仕事を三・一一以来あらゆる面で共有する妹のような存在だ。その明瞭さがしばしば僕の道を助けてくれている。

小田理一郎さんは、有限会社チェンジ・エージェントの共同設立者であり非営利組織ジャパン・フォー・サステナビリティのゼネラル・マネージャーである。欧米アジア各地に友人も多く、社会セクターに関心をシフトする以前はビジネスの分野で豊富な実績を積んでいる。

戸田光司さん、またの名を「軍曹」は、元は埼玉県でトラック運転手をしていた。三・一一の後、彼はいろいろなことがわからなくなった。そんなとき南相馬市の桜井勝延市長の「南相馬が兵糧攻めに遭っている」という訴えを聞き、南相馬に「呼ばれて」移住した。「みんな未来センター」のディレクターに就任している。

八木陽一郎さんは、震災発生時は香川大学の准教授だった。一年間米国でＡＩ（アプリシエイティブ・インクワイアリー）について研究した後、職を辞し、東京にある警備・ビル管理会社の経営者となっている。

山内幸治さんは前章で紹介したNPO法人ETIC．の事業統括ディレクターである。震災が起きた直後、ボランティアの若者が長期にわたりビジネスやコミュニティのリーダーの「右腕」として東北で活動が続けられるようにする必要があると考えた人だ。

由佐美加子さんはプレゼンシング・インスティチュート・コミュニティ・ジャパン（PICJ）設立者であり、オットー・シャーマーのU理論とその実践を日本に拡げている。震災から間もなく、彼女と僕は二〇代の若者一四人（世界各国より七人、日本より七人）が参加した東北地方へのラーニング・ジャーニーを共にファシリテートしている。

本田紀生さんは広告会社を経営する傍らNPOで福島の地域活性化に携わってきた。震災後は県内外の団体と連携して復興に取り組んでいる。

前からすべてそこにあった

もしも何も変わっていなかったなら？　もしそれ以前に「もし」があったなら？　巨大な災害は、確かに起きた。人々の話を聞いて僕が感じたのは、三・一一はまるで冷水の入ったバケツがひっくり返り、深い眠りから叩き起こされたようなもの、ということだ。ハッとして周りを見回す。裂け目、穴、汚い色が見える。それまで隠れていた美も突然見えてくる。我々の人生の光景から幻想のヴェールが引きはがされたのだ。

井上夫妻は、社会の基礎が災害によって崩壊したように感じたという。

「大きな穴が開いて、以前には見えなかったものが見えました。社会的、政治的、経済的なパターンがもっと可視化されたのです。残念ながらそのドアは災害によって開かれたわけです」

軍曹は「それが自分たちを行動させたんだ」と言う。

そして小田さんは、「基本的な問題は以前からあったのですよ。ただ三・一一が今の現実を新しい見え方で見せたわけです」と言った。

我々誰もが、日々、意識的にも無意識的にも見るものを取捨選択している。多くは無視を選ぶ。自身の感情を横に置く。道端にホームレスがいると目をそむける。何か快適でないと首を振る。そして、どうしたらいいのかわからない。三・一一は、多くの人をこの日常生活の意識の催眠状態から解放した。榎本さんにとってはこうだ。

「三・一一の前と後で大きく変わったのは、自分が今の仕事をする理由がよりはっきりと、力強くなったことです。ある意味、三・一一前の私は〈仮定〉にもとづいて仕事をしていました。しかし、三・一一後はそれがもっと〈リアル〉になったのです。三・一一前、私は〝今こそトランジション〈移行〉しなければならない。さもなければ経済は破綻し、石油資源も枯渇し、他の災難もふりかかるだろう〟と、仮定にもとづいて話をしていましたが、三・一一後はもはやそれが仮定ではなくなってしまったのです」

ばらばらの個ではなく

我々人間は社会的存在である。互いに関係性の中で、存在する。これは、日本のような集合的文化の中では特にそうだ。日本文化は水稲農耕社会として興り、生き残るために構成員は一緒に労働する必要があった。しかし日本は過去一五〇年ほどの間、違う試みを行ってきた。浦賀沖にペリー総督の黒船が来航して、開国を要求して以来だ。突然、日本は近代にさらされ、進歩の基準が、そして人生の意味が、新しい近代的意味合いを帯びることとなった。

西園寺さんの言葉を思い出す。

「二〇一一年三月一一日までは、多数の人々は、より多くのお金とモノを買うことが人生の保証をしてくれるかのように振る舞っていたかもしれません。物質的な富を求めるシステムがどれほど脆くはかないものか、震災が見せつけました。物質的な確からしさの世界は崩壊しました。多くの友人たちが、もっと人を、互いをよりどころとする必要に気づいたのではないかと思います」

由佐さんの想いも示唆的だ。

「三・一一の前は、私たちは個別の自我として自分たちをみなしてきました。『自分自身の心配をしなくてはならない』『競争しなくてはならない』。でも、それではどこにもたどり着きません。私は互いから疎外された自己ではなく、より大きな全体の一部ではないでしょうか。震災は、あらゆるものとつながっていることを気づかせてくれたのではないでしょうか。それはこれまでとはまったく異なる〈自己〉の意味です。以前はお互いに距離があり、切り離された個であると思っていました。

そうではないのです。以前は、つながるのに一生懸命頑張らなければならなかった。でもそうではないのです。災害を機に多くの人がこの新しい自己の感覚に気づき、お互いとつながりやすくなったと思います」

八木さんはこう語った。

「物事は常に変化していることを私は学んできました。変化の中で大切なことは、〈今・ここ〉に意識を向け、他者の存在を前にして〈場〉を共有することだと思います。それが最も重要なことではないでしょうか。それにはお金はかかりません。私が提供できる最もよいものは、私の時間と空間を提供し、他者と場を共有することです。それは私たちが他者に提供できる最高のものです。二度と同じ空間と時間は生まれないのですから」

山内さんもこう語った。「震災後ますます自分はエコシステムの一部なんだという意識が強くなっている。自分だけの仕事ではなく、皆が取り組むものなんですよね」

鎌田さんは言った。「私の理想とする社会は、誰もが自分らしくいられる社会です。震災以来、多くの人がそういう考え方に共鳴するようになっていると思います。人生は一度だけ、そしてそれは自分自身になるための時間ではないでしょうか」

これまで何度も、人々が自分の「色」を見出す必要性について話すのを僕は聞いてきた。それは他者から自分を切り離す手段としてではない。むしろもっと、信頼できるつながりの手段としてだ。世界は時に言葉ではとらえにくいパラドックスに満ちている。自他の区別や自己完結への欲求を手放すことができたとき、我々は我々自身のユニークな自己に出会うことがある。自分らしさというものが、他者とのつながりから生じるのだ。

井上夫妻が、震災直後の電車の駅員さんたちの行動について話してくれたことを思い出す。彼らは微笑みを浮かべてベストを尽くそうとしていたという。

「それぞれの駅員さんが、生き生きと、良い仕事をしようとしていました。マニュアルのない事態だからこそ、自ら考え、自分で判断し、ひとりの人間として行動しているように見えました」

井上有紀さんは、その様子は一九九五年の阪神・淡路大震災後の光景のようだったと回顧した。彼女は当時、小学校卒業を間近に控えていた。

「顔見知り程度だった近所の人たちが、互いの無事を確認したとたん、堰を切ったように話し始め、立ち話は数時間になることもありました。なんとか協力して問題に対処していこう、というそれまでにないエネルギーが生まれていました」

由佐さんも当時の状況についてこう述べた。

「私の知人たちが、自分の人生の目標に、自分の内側で起きていることに、もっと真摯になろうとしていることに気づきました」

八木さんはこう言った。

「多くの人が、場にある〈今・ここ〉を共有できないときに悲しみと怖れが生じるのだということに気づき始めています。以前、多くの人は空間を共有したり自分自身や自分の今を分かち合ったりしていませんでした。それで深い交流を持つことができなかったのです。私たちは日々非常に忙しく、お互いの〈今・ここ〉を共有する機会は稀でした。それは孤独とストレスを招きます。以前より多くの人がこのことに気づき、もっとオープンになり始めている人もいると思います」

日本では、このように真摯に共有する場を見つけることが時に難しいのかもしれない。三田愛さんは、たくさんの地域コミュニティとの仕事の中で、地域における人々の集まりには二種類あることに気づいた。フォーマルな会議と「飲み会」である。その中間の、お酒が入ることなく互いに本当に深い本音を語り合える場がほとんどなかった。そして、飲み会で話されたことは、翌日にはほとんど忘れるのだ。本当の感情と表現の分断が、ここにはある。

西園寺さんは、日本にいるときと外国にいるときとでいかに自分が違うかについて語った。外にいるときは自分の信条や経験について分かち合うことができる。だが日本にいるときは、知られないように隠す必要があると感じることがある。その結果、しばしば自国にいるのに異邦人のように感じることがあるのだと。「変わっている人だと思われると感じていました。それで精神的《スピリチュアル》なことについて話すときはいつも、受け入れてもらえるような話し方に心を配っていたのです」

軍曹は、以前はよく自分の人生は何の特別の目的にも供していないように感じていた、と言う。しかし南相馬市の市長にユーチューブ上で「出会った」。

「市長さんは、『私たちはここで死にかかっています。助けが必要です』と言っていた。もはや、オレにできることは何もないとか言っている場合じゃなかった。すぐに南相馬に駆けつけた。皆さん温かく迎え入れてくれた。人間関係を作ってくれたんだ。一緒に働いた。ただお金を寄付するだけじゃない。親しいつながりをすぐに感じたんだ」

あの凄まじい日々、軍曹は一生懸命働いた。だが二〇一三年が始まる頃には働き過ぎたと感じていた。元日に、彼は脳卒中に襲われ入院した。

「南相馬から病院まで五時間以上かかるのに、皆ひっきりなしにお見舞いに来てくれた。落ち込んでいる暇はないと思った。快復のプロセスは、復興とシンクロしている。つながりを見出した人たちがそこにいる。南相馬の人たちは本当に心配してくれた。彼らの愛情が力になった。心配してくれる人たちの存在が、やっていくことを可能にしてくれたんだ。病院ではたくさん考える時間があった。お見舞いにいろんな人が来てくれて、個人的な話をしてくれた。自分が必要とされていること、愛されていることがわかった」

多くの人にとって、孤独感は三・一一後に変容し始めた。何か微妙なものがそこにはある。その味わいを描写したいが、それは微妙なものだ。たとえばこんな感じだろうか。三・一一以前、多くの人々は幸福ではなかった。しかし皆そのような気持ちを無視し、自身にも隠していた。だが震災は凄まじかった。僕たちの魂が、「一人でやっていくことなんてできない」と言っていた。そうして僕たちは人に出会い始めた。

つながり、開かれることへの渇望があった。それが互いをつなげていく。小田さんがこんな風に指摘していた。

「多くのリーダーは仕事やコミュニティの中で孤独でした。彼らも三・一一の後、現実にもがく他の人々の輪の中にやって来て、自分自身について語るようになったのです。自身の物語《ストーリー》を共有し、互いの存在を尊重する輪の中に」

小田さん自身、自分の人生においてそう感じていたという。三・一一以前は小さな同志たちの輪があるだけだった。

「今はその一〇倍以上です」

我々は互いに見えるようになったのだ。

隠れた全体性

この増大するつながりと関係性の感覚には、さらに別の側面もある。隠れていた全体性の感覚だ。すでに存在はしていた。しかし現代の分断性によって埋もれてしまっていた。それが震災後に見えるようになってきたのだ。

ある日、こうした問いについて僕たちは議論しながら車に乗っていた。本田紀生さんは、女性が鍵を握っている、と言った。以前から広告会社を経営している本田さんは、現在は一般社団法人ふくしま会議などさまざまな団体で新しい福島のために奔走している。

「もし男たちが女性の感性を受容することを学んだら、物事はもっとうまくいくでしょう。たとえば小さな村で、男性と女性がそれぞれの役割を同等のレベルで分かち合うとしましょう。小さめの人数で、小規模のモデルを作って、他者を招き入れます。そうすれば人々の力は強まります。男性と女性が協働するほどそうなるでしょう。重要なことの一つは、女性は男性に比べて心的状態を容易に変えられることです。おそらく女性は考え方を、守るべきものや子どもの目線にできるからでしょう」

八木さんはこんな現象に気づいている。

「特に若者文化は以前と違ってきていますね。二〇世紀の日本は物質的文化を作ってきました。たくさん働いてお金を得ることに重きを置いていたのです。今の若い人たちは　経験の質に重きを置いていますね。消費の仕方もとてもエコロジカルです。一つのモノを長く使います。多くの若い人たちは、もはや車や住宅の購入を人生の目標とは考えていません。電車に乗り賃貸住宅に住みます。どうしてこういう変化が起きているのでしょうか？」

山内さんは、人生のあらゆる側面で、彼自身も他の人も、その人自身を受け入れるようになったという見方を示した。「頭で考えるのではなく、まず自身の在り方を感じることが自然になった」と。

井上夫妻は、全体のシステムについてより意識的になったという。

「人はただお米を買うだけではないですよね。お米を育てる農家さんが必要です。もちろん僕たちもそれは前からわかっていたのですが、ある意味ではわかっていなかったところがあります」

彼らは、自分たちが生きるということについて、もっと体感もあわせて知っていく必要があった、と語った。

「深いところから自分たち自身が変化していくためにも軽井沢に引っ越し、それから米国に移り、引き続きそのプロセスに取り組んでいます。僕たちの全体性を取り戻すために」

若い人たちは新しいライフスタイルを見つけようとしていると八木さんは考える。

「それを言葉で表しているかどうかは別にして、自分たちの時間、人生の時間、コミュニティ、そして関係性の質に重きをおいているようです。五〇代、六〇代の方々にとっても物事は変わっています。たとえば特に会社の仕事を休んで東北に行った人たち。戻ってきたとき、もう同じではいられなかった」

三田さんはこう考える。

「バトンが手渡されたのです。私たちは世代的な変容の真ん中にいます。日本中で人々は立ち上がっていいます。以前は多くの若い人たちは、年長者を怖れて立ち上がることができていなかった。今は目上の人たちが若い人たちと一緒に立っているという感じではないでしょうか」

本田さんにとってはシンプルなことだ。

「異なる価値観や経験の人々のチームは、最もうまく機能すると思います。でも、そうできるためには、僕自身のバランスが取れていて、自分の役割を知った上で自分の仕事をする必要がありますよね」

我々は共に在って繁栄する。怖れからではなく、好奇心を持って、全体性へと身を乗り出すとき、自分たちの道が見える。

鎌田さんもこのような全体性の感覚を経験している。

「私は問題を自分自身のこととして見ることができるようになってから、たくさんの人たちとつながれるようになりました。過去と未来、それはすべてつながっています。すべての問題とチャレンジは、相互に関わり合っています。以前は、物事は分類して考えるものだと思っていました。賛成か反対か、というように。今は違う。今は互いを分割して見るのではなく、多様な価値観が共に分かち合う未来に向かって働いているイニシアチブとして感じられます」

このような変容は拡散していく。榎本さんは、日本におけるトランジション・タウン運動*に大きな変化が見られることに気づいている。

「現在日本には約五〇のトランジション・タウンがあります。三・一一以前の実に二倍です。特にトランジション・タウンと名乗らなくても、それに関連する地域活動はどんどん増えています。たとえば、藤野では地域の電力自給をめざす〈藤野電力〉という活動がたくさんメディアに取り上げられ、その母体となった〈トランジション藤野〉よりも有名になりました。三・一一までは、トランジション・タウンの話をしても、多くの人々は『なぜそれが必要なのか?』という反応でした。それが今や『どうやったらできるのか?』という問いに変化したのです」

このように大きな変容が起きている。

山内さんは「自分自身を裏切らないことが必要です」と言った。彼は沖縄を訪問し、ユタ（霊媒師）の女性と散歩をしたとき、そう明白に感じたという。

「もちろん前からそういう感覚はあった。どう在るべきか、またこの世界にどう生きるかといった世界観は。そのことが、よりはっきり感じられたのです。それは山に登り、そこから下がはっきり見えるような感じでした。震災は、前から在ったものをもっと見えるようにしてくれたと思います。それ以前にも何度もデータで見てわかっていたことです。しかしそれがもっとリアルになったのです」

＊ トランジション・タウンとは、イギリス南部の小さな町、トットネスから始まった、「持続不可能な社会」から「持続可能な社会へ移行しようとする市民運動のこと。日本では神奈川県の旧藤野町（現相模原市緑区）から始まった。

喜びと幸福から働く

隠れていた全体性と共に、あるいはそれを意識して働くとき、新しい内なるコンパスが現れてくるように見える——幸福感と喜びである。震災後の日々、さまざまな言い方でそれについて語られるのを聞いてきた。震災直後から、日本の人々がブータンの国民総幸福（GNH）について話すのをよく聞くようになった。どこに行っても幸せについて人々が話している。もしそれが仕事における尺度であったとしたらどうだろうか。

八木さんはこう語る。

「幸福とは未来のどこかにあるものだと思っていました。目標やミッションを達成したときに。そのときには幸せになれる、でも今は頑張らなければならない、目標にたどり着くまでプレッシャーと共に走らなければならない、と。しかし今は学びました。今、ここで、幸福であるべきだと。今、それを味わうことができるのだと。震災以前、私は自分の内側が空しく感じられていました。そして外から自分を満たすものを取り入れなければいけませんでした。今は違います。すべてここにあります」

軍曹も同じことを言っていた。

「ただ楽しいこと、おもしろいことにだけ付き合っています。この感じが大切なんです。三重苦の災害の余波の中にいながら、機嫌よくしていられる。自分の傷のために自分自身の幸せを否定しているようではいけない。なぜなら、自分たちは現存するシステムを変える力になれるんだから。そのことに気がついたら、次のステップは、どうすればそのプロセスを楽しめるか。どうすれば楽しみながら取り組めるか。自己犠牲は必要ない。トレーニングも重要じゃない。とにかく一緒に取り組むんだ。楽しく、精一杯」

いつものビジネスは終わっている

全体性や幸福や喜びへ向かう変容が、ビジネスのやり方に根本的な変容をもたらすことは驚くにあたらない。ビジネスとコミュニティが密接に絡み合う日本においては、特にそうかもしれない。由佐さんはこう話した。

「人が造り出したシステムではなく、宇宙と調和して働こうと、さまざまな人たちが努力しています。これまで人は、リスクを管理し安全を保障しようと生きてきました。そのシステムで私たちはより幸福になったのでしょうか。物質的繁栄は飽和状態ですが。人々はお金を違うことに使い始めています。地域通貨の概念が注目されています。物価は高くなるかもしれませんが、それよりも幸福感がもたらされます。今、人々は以前と違う耳を傾け、語り、生きています。おそらくこれが最も重大な部分かもしれませんね。人々の〈聴き方〉が変わってきています」

山内さんにとってはこうだ。

「以前は社会全体の方向性には抗うことができず、それに適応しようとした。今もそうかもしれない。だけど三・一一以後は、企業が社会と関わるやり方が変わってきている。会社は何のために存在するのかをアピールしなくてはならなくなった。そうやって共感を得た会社が前に進める。起業家精神とは会社を始めることではない。それは自分自身になることを学ぶ態度なのだと思います。特に若い人にとっては、それはお金の問題ではなく、意味の問題です。社会のためだけではなく、彼ら自身のユニークな存在と幸福のための」

鎌田さんはこう話した。

「二〇一一年、私たちの想像力にもっと場所が与えられたのです。落ちつくにつれ、このことがクローズアップされ始めました。でも皆わかっています。その扉は以前にも開いていたことを。ただ震災の後、すべてが結びつき合ったのだと思います。それは私の力ではどうにかすることのできない、より大きな何かであって、コントロールできません」

榎本さんもこう言った。

「企業もどんどん〈いつものやり方〉でいいというモードではなくなってきていますね。ジョアンナ・メイシー*の言葉で言えば、企業は〈大崩壊〉か〈大転換〉のいずれかに向かっているということだと思います」

人々は地域と共に在ることを再び学んでいる。そして地域コミュニティにビジネスを還元している。これまで我々は、故郷や家と呼んでいる場所や、互いの人間関係から、距離を取るようになってしまっていたのだ。小田さんはこう語った。

「誰も以前の状況をよいと思っていなかった。ただ多くの人は、未来は誰かが作ってくれると思っていたのだと思います。震災が起き、人々は突如、さまざまな理由により気に留めるようになった。

たとえばきわめて多くの方々が犠牲になった一方で自分たちは生かされた、という事実もそうでしょう。地域レベルでは、人々は自分たちに何が必要かは完全にわかっています。そして純粋にその地域レベルの在り方を変えることを望んでいます」

遠藤さんがこんなことを告白している。

「三・一一以前の私は、人生において、いつも何から始めたらいいのかを見つけることができていませんでした。自信を失っていたのです。今はわかります。私の心の持ちようが違ったのです。コミュニティへ耳を傾ける方法がわからなかったのです。今はそれが変わりました」

遠藤さん、そして他のたくさんの人たちが、耳を傾けることを学び、コミュニティの一部となることを知った。

三年の後……

本当に多くのことが変わった。前章では、道しるべとなった物語を通して、人々が進む道を見つけていった過程を紹介した。本章の物語は、人々が進んで行く方向も変化していることを示唆している。

＊ ジョアンナ・メイシーは環境活動家。世界の問題と向き合うための「つながりを取り戻すワーク」を開発。「何をしてもだめだ」という絶望を「大崩壊（great unraveling）」、「何とかなる」という希望を「大転換（great turning）」と表現。メイシーによれば、前者の物語を生きる人が増えると世の中は実際に大崩壊に向かい、後者の物語を生きる人が増えると大転換に向かうという。

いる。今、我々の方向は変化している。もちろん、より堅固になった古いものもある。時に人々は、新しいものに飛び込んでいくより、古いものの確からしさや在り方に心地良さを覚えるものだ。たとえそれを好んでいないとしても。三・一一以後に露呈したひび割れのいくつかは押し戻され閉じていくとしても、醒めやらぬ変化の空気は残る。

ETIC．の「右腕プログラム」には今なお応募がある。山内さんは言う。

「皆、何が起きたか忘れてはいない。ただ貢献するためだけじゃなく、自分自身のため、そして他者のために応募しているんですよ。応募しないではいられない。応募しない口実があったとしても。小さな子どもがいるとか、仕事や安定した生活とか。でもそんなハードルは障害にはなっていない。変化の波に抗うことができないんだ」

一方で、鎌田さんはこう語る。

「いろんな出会いを思い起こすと、状況が変わっているのはわかります。ここの多くの人たちも、自分の人生を生きようとしていました。以前のしきたりからの変化を求めて。でもたくさんの人たちが、状況が変わらないので諦めつつもあります。自分から変化していくことができる人もいます。でも、できない人、あるいはしようとしない人もいます。変化できる人々のコミュニティは少なくなってきています。忘れてはならないことは、人はそれぞれ変化するタイミングが違うということです。二〇一二年に音楽ライブと対話トークを組み合わせたイベントを開催しましたが、そのとき、人の気持ちを傷つけることを怖れて自分の正直な感情を話せないと言う人々がいました。私は自分自身の感情を常に話していますが、そのことに少々うんざりしてもいます。でもまだ、自分の気持ちを分かち合うことのできない女の子たちもいます。結局、人はそれぞれ、異なるタイミングを持っています。忍耐が必要です」

山内さんも、エネルギーが震災直後とは違ってきたのを感じると言った。「それでも、何が重要かという意味では、社会の流れは変わったと思います」

由佐さんが感じているのは次のようなことだ。

「どんなに救いがない状況だと思われても、人間として創造し得ることの意味において、以前にはなかった、ある種の自信が感じられます——私たちは現実を一緒に創造することができるということです。何かが解き放たれたと言えばよいでしょうか。三・一一以前、多くの人々にとって、本を読んでもそれが自分自身のコンテクスト（文脈）に降りてくることはなかったように思います。震災は概念から現実へと何かを変容したのです。それが全体的な変化を創っていると思います。人々が行動を起こすときの源泉《ソース》が変容したのです。何か同じことを言うにしても、語るところが今は違っています。もちろん、日本中のすべての人がそうだというわけではありませんが。でも私の周りや、多くの友人の周りではそうです」

このような変化について小田さんはこう述べた。

「私たちはもっと地域に密着しつつあると思います。過去には、日本の人たちの多くは子どもを育てるなら都市で、と思っていました。そしてルーツが忘却されてしまうのです。その潮流に変化が現れ、人々は東北などの地方へと向かうようになりました。以前は見えなかったものが見えるようになったのです！」

西園寺さんが気づいたことはこうだ。

「友人や家族を亡くした若い世代は、彼らのために変化を起こさなければ、と感じています。その経験が、（以前は語りにくかった）精神的な事柄について語ることを許すようになったように感じます」

遠藤さんは、震災前は日本国外に出ることを検討していたという。

「でも今は、日本に住んでいたいし、ここで変化を起こしていきたい。挑戦できるもの、そしてそのための機会が、ここにあると確信しています。今やそれが私の使命です。以前は、変化を起こすべき場所として日本は重要だとは思っていませんでした。今はその逆です。逃げることはできません。政府については非常に心配しています。どんどん悪い方向へ行っているのではないでしょうか。共に前に進む必要があります」

由佐さんはこのように語った。

「たくさんの人がもっと自信を持って生きようとしている、意識の変革を感じます。刺激、あるいは怖れを超えて。それはリスクを伴うことかもしれない。でも私たちは、宇宙の全体性に資するために生きていると思うのです、ただ生きているだけではなく。震災前にもこうしたことについて話すことはありましたが、当時は、私は半分頭がおかしい人だと思われていたかもしれません。でも、今はより多くの人にこの感覚が受け入れられていると感じます」

鎌田さんは、三・一一以前は福島のことを考えたことはなかった。

「今は、福島のこと、日本の他の地域のこと、世界の他の国々のこと、過去と未来を考えるようになりました。すべてがつながっているのです。確かに、以前も他の問題を心配してはいました。でも、目の前で、私が大事にしてきたものが失われていくのを見て目が覚めたのです。目が覚めると人は、目覚め続けていようと思うものです。人を非難したり、何かのせいにしたいと思ったりすることもあるでしょう。でも、変化の責任は一人ひとりにあると思うのです。互いに集まるたびに、目覚め続けることを思い出すのです」

二〇一一年の初めのことを遠藤さんはこう振り返った。

「自分をとてもみじめで無能な存在と感じていました。でも今の私には、継続するコミットメントがあります。諦めるつもりはありません。私の態度は完全に変わりました。私には提供できるものがあるのです。震災の最中にたくさんのことを学ばせていただきました」

西園寺さんが日本で始めた「カルマキッチン」の物語《ストーリー》は、こうした変容の例だ。カルマキッチンとは、支払いなしで食事ができるレストランだ。なぜなら、あなたの前の客があなたの分を支払ってくれているからだ。その贈り物とその人の優しさの連鎖をつなげていくために、あなたも次に来る客のために、自分の思う金額を差し出すことが求められる。西園寺さんが最初にその話を友人にしたのは二〇〇九年だった。

「友人は『おもしろい考えね』と言うだけでした。より近い絆を創るために、ペイ・フォワード（恩送り）[*]になる何かをしたかったのです。でも一緒に取り組んでくれる人はありませんでした。

＊ 「恩送り」は、恩や親切を与えてくれた人へ恩を返すのでなく、別の誰かへ恩を「送る」行為。これが続くことで正の連鎖が起きると考えられる。井上ひさしによれば江戸時代には恩送りは普通のことだったという。（出典：井上ひさし『井上ひさしと141人の仲間たちの作文教室』新潮文庫、二〇〇一年）

震災前と後とで、私の話し方は変わっていません。ところが仲間が集まってきて、六ヶ月で始めることができ、広まっています。カルマキッチンを通して、人々が日本の古くからの恩送りの良識を思い出してくれています」

榎本さんはこのように語った。

「私たちは今、『守破離』の『破』に移行しつつあると思います。型はもう十分に学んだ。だから、これからはもっと自由に、幅広く分かち合い、新しい未来を共に創る時ではないでしょうか」

これらの物語《ストーリー》は、我々が進むべき方向を示唆してくれる。我々は進みながら創っていくのだが、ここに方向性がある。それは互いを向いている。コミュニティを向いている。よく見えない何かに向かっているのだが、そこに在ることはわかる。その向こうに、次の曲がり角がやってくる。

6

Beginning the Long Road

長き旅の始まり

——石巻フューチャーセンターの挑戦

二〇一〇年に人生が僕を日本に連れてきてくれてから、たくさんの親しい友人ができた。彼らの多くは、すばらしい組織的取り組みを実践していたり、新たに始めたりしている。

野村恭彦さんが始めた「フューチャーセッション」は日本全国に新しい息吹を吹き込むものだ。彼は自分たちが望む未来を共創するための場づくりをする人たちのためにコミュニティを築いたのだ。

西村勇哉さんが設立したＮＰＯ法人ミラックのビジョンは、セクターや職種、領域を越えたさまざまな立場の人々が自身の持っているもの《ギフト》を見出して、共に新しい世界をつくることだ。

ＮＰＯ法人ＥＴＩＣ．の山内幸治さんはその事業統括ディレクターとして、東北および全国のコミュニティとビジネス・イニシアチブを深く結ぶネットワークを築いた。この種の最大のネットワークの一つである。

小田理一郎さんの疲れを知らないエネルギーは、ジャパン・フォー・サステナビリティを一つの「場」にしている。我々の小さな惑星の状況について、人々が確かな見識を共有することができる場所である。

鈴木祐司さんは公益財団法人地域創造基金さなぶり（通称さなぶりファンド）の設立に参画した。東北全体への支援の仲介役となるこの財団は、地域で始まった最も有望なスタートアップの一つだ。

加えて、西園寺由佳さんや榎本英剛さんのように、その限りないエネルギーによって、世界平和やより良く生きることをめざした啓蒙活動のために多くの組織やネットワークと協働している友人たちもいる。

まだお会いできていない方々の何百もの取り組みを含めれば、このすばらしいリストは果てしないものになるだろう。これらの方々に僕の最大の敬意を表したい。

さて、ここで特に、東北に新たに生まれた組織の一つを取り上げたい。

「こはく」は石巻市に誕生したフューチャーセンターであり、東北全域でフューチャーセッション支援事業を行う、フレッシュで必要性の高いＮＰＯである。それは僕や他の多くの方々が三・一一以来取り組んできた、対話を通して新しい未来を創るという仕事を引き継いでいる。

こはくは二〇一三年に岩井秀樹さんの情熱によって誕生した非営利団体である。二〇一一年以来、岩井さんは東北のコミュニティ再生を押し進める最も効果的な手段として、フューチャーセンターを導入すべく奔走した。彼は日本にフューチャーセンターの波が初めてやって来た当時、その導入に取り組んだ一人だ。岩井さんは二〇〇九年、富士ゼロックスＫＤＩが複数の企業からメンバーを募った小さな訪問団の一員として、ヨーロッパのフューチャーセンターを訪問した。そして翌年には、日本における最初のフューチャーセンターを、自身が生保本部長を務めていた東京海上日動システムズ内に創設したのである。

多くの人がそうだったように、三・一一以後、彼の心も石巻に**呼ばれた**。そのことは彼の人生と石巻の未来とを、すっかり異なるものにして現在に至る。彼は、以前からボランティアとして関わっていた国際的なNGO、特定非営利活動法人JENの石巻における支援活動に加わった。その二年後、「こはく」を設立した。以下、岩井さんが僕に話してくれた彼の物語《ストーリー》を紹介しよう。

石巻のフューチャーセンター

岩井さんは、二〇一一年五月にボランティアとして石巻にやってきた。震災後二ヶ月が経っていたにもかかわらず、被災地のあまりの恐ろしい状況に、ただただ完全に圧倒されたと彼は言う。

「屋根の上に車が乗っている家を沿岸地域でいくつも見ました。ほとんどの家は、津波で運ばれた瓦礫や泥でいっぱいで、足を踏み入れることもできませんでした」

他の多くの人と同様に、岩井さんも当初テレビから流れる破壊的な映像をただ眺めるしかなかった。

映像を見ながら、東北のために何かをしたいと思いました。ただ、自分には東京海上での仕事があり、会社をあげて保険金を迅速にお支払いするための対応を行っていました。休日は交替で、被災地からの電話対応を行っていました。保険でカバーされていないケースもあり、保険金の支払いができないことを告げなければならないのは、辛い仕事でした。心の中では直接、被災地に行って何かをしたいと思っても、やらなければならない会社での職務がある。来る日も来る日も、その罪悪感を抱え続けていました。

震災が起こった頃の自分は、東京海上でしている仕事については前向きな思いを持っていました。社内に設立したフューチャーセンターは、組織の中の関係性の改善、これまで解決できなかった人材育成や品質管理上の課題解決、次のプロジェクトに向けたアイデア創造など、会社の将来のさまざまな側面を考えるために、有意義に使われていました。フューチャーセンターに大きな可能性があることを確信していたので、こうした活動をより広く社会に提供したいと思っていました。震災があったことで、会社だけではなく広く社会にフューチャーセンターを広げていきたいという思いは日増しに強くなり、安定した仕事を持っていましたが、家族の理解もあり、震災から一年後に会社を辞める決心をしました。

震災当時、直接被害を受けた被災者の多くは、避難所か、津波の被害を受けていない自宅の二階で暮らしていました。生活物資や情報の不足、以前とは違うコミュニティでの生活ということで、多くの方が非常に辛い思いをされていました。

そうした中、非常に多くのボランティアが全国から支援のために石巻にやって来ていました。ボランティアは、民間人だけでなく公務員もいれば、外国人もいるなど、異なる分野からやってきた人々の集まりでした。被災された方が最低限、生活できるための支援をしなければいけませんでした。私もそこに加わりました。二階で被災者の方々が生活をしている中で、一階のヘドロをかき出す。生活に必要な物資配布をする。避難所で町内会を組織する。本当に、人間らしい生活が再びできるようになるために、できることは何でもやりました。

一方で、彼は言う。

過去にそんなことをしたことがなかったとしても、人々は互いに助け合い、コミュニケーションを取ろうとしていました。石巻の人たちは私たちを温かく迎え入れてくれました。そこには、本当に何の障壁もありませんでした。あまりにも被害が大きかったので、よそ者だから距離を置くという余裕はなかったのです。そんなことを言える状況ではありませんでした。彼らは、ただ助けてほしいと言うことしか、できなかったのです。

同時に、誰がどのような支援を得ることができるかということに関しては、多くの住民の方は敏感に反応しました。あるコミュニティには支援の手が届くけれど、支援の手が届かないコミュニティもある。行政や支援団体の支援は状況により全員に一律なものというわけにはいきませんでした。たとえば、仮設住宅に入居している人たちは、家電製品を受給することができました。でも、自宅の一階が津波で流され二階で暮らしている人には、家財が流失していても支給されませんでした。また、みなし仮設（仮設住宅の代わりに自治体が借り上げている民間のアパート）に住んでいる人の情報が十分には把握されていなかったこともあり、仮設住宅と同様の支援を受けることができなかった人たちもいました。こうした支援の違いが、多くの緊張を生みました。人々は互いに助け合っていましたが、分断も起こっていました。

人々が話していることで岩井さんが驚いたことの一つは、住民たちが自宅の復旧が終わる前に、地域のことについて話し合ったり、相談したいと言っていたりすることだった。彼らは一緒に集まる場所を求めていたのだった。

「昔は、この地域には一緒に集まって話をする文化があったのです。先の見通しがまったく立たず不安が募る中で、集まって話したいという思いが、これまでになく強くなったのだと思います」

最初はボランティアとして関わりながら、岩井さんは自分の持つ対話のスキルが他のコミュニティにも役立つかもしれないと気づいた。そこで岩井さんは、これらのコミュニティに対する、対話とビジョン構築支援の導入をJENに提案した。JENの活動内容とも親和性があるということで、一緒に活動させてもらえることになった。

岩井さんは、二〇一一年の夏までにはJENのプロボノ*として、仮設の集会所などで、さまざまな年代の地元の人たちと話し合いの場を持ち始めた。

「今、どんなことで困っているか」

「何に最初に取り組みたいか」

「一〇年後にはどのようなコミュニティになっていてほしいか」

そんなことが話し合われた。こはくの種まきの時期だった。

「どうしようもない不安と悲しみにもかかわらず、手をつなぐことで一刻でも早く立ち直り、復興したいという強い意志を、石巻の人々が持っていることを感じました」

＊　職業上持っている知識、スキル、経験を活かしたボランティア活動のこと。

岩井さんは当時をそう振り返る。

最初はどのように始めたらいいか、わかりませんでした。そこで、とにかく皆さんのお話を聴くことから始めました。JENは地元の皆さんと非常に良い関係を持っていたので、私のような外部の人間がいきなり話を聴かせてくださいと言っても、信用して話をしてくれました。石巻では、人々は互いに話をすることに慣れていましたし、お互いにそれなりの関係性を持っていました。市内の三ヶ所で対話の場を持ちましたが、何に一番困っているのか、何が起こっているのかなどについて、人々は喜んで話してくれました。こうした情報を共有し交換することで、地域全体の課題を明らかにし、地域として何ができるのか考えたいのだと思いました。

何が起こっているか、どのような課題があるのか、将来どういうまちになってほしいかなどについて話し合いました。「皆と話すのは良いことだ。皆で話し合ったことで、現在の状況も理解できたし、まちの復興に向けて新しい一歩を踏み出し、頑張り続けることができる」という住民の方の意見に、こちらも勇気づけられました。こうした会話は二〇一一年の夏頃に始まり、二〇一二年に向けて増えていきました。

牡鹿半島では、住民が年齢・性別に関係なく自由に話し合うということは簡単ではありませんでした。しかし、彼らがおかれていたのは、話し始めなければ何も始まらないという状況でした。カキの養殖が中心の地域で、漁港および漁業施設は甚大な被害を受け、将来の見通しがほとんど立たない状況でした。しかし、そうした状況だからこそ、将来の漁業の姿をみんなで考え、新しい一歩を踏み出すことが重要だと考えました。ＪＥＮスタッフと一緒に、話し合いを持たせてほしいと、漁業関係の幹部の方たちにお願いに行きました。「先の見通しも立たない状況で、将来の話なんかできない」という方もいました。しかし、彼らも強い危機感を持っていたのだと思います。「提案内容はよくわからないが、何かを始めないと何も変わらないだろう。協力しよう」と、最後は対話の場を持つことを許してくれました。

漁業関係者の幹部が口を揃えたことの一つは、「次の時代を担う若い人たちに頑張ってほしい。彼らを中心に、話し合いや新しい取り組みを考えるように進めてくれ」ということでした。そこで、私は最初に青年部に話しに行きました。「単純に従来の漁業を復活させるだけでは、人口減少やカキの取引価格が低下している状況では、漁業の未来は決して明るくない。大変な状況だけど、牡鹿の豊かな自然も活用しながら、新しい漁業や地域の収入をもたらす取り組みについて、一緒に考えましょう」と。しかし、「今はとてもそのようなことを考えられる状況ではない。従来のカキ養殖を再開することが最優先だ。それに、自分たちにそんな余裕はない」と話に乗ってくれませんでした。牡鹿半島は年功序列意識の強いところで、若い人たちの多くは、自分たちでイニシアチブをとって何かができるという感覚を持っていませんでした。そこで改めて幹部の方たちと相談し、彼らから住民全体での話し合いを行うことを伝えてもらいました。

それでも、話し合いの方法には工夫が必要でした。年功序列意識だけでなく、公の場では女性は男性に意見が言いにくい雰囲気がありました。住民の方だけで話し合いアイデアを出すのは難しいと考え、我々外部の人間が、インタビュー形式で意見や考えを引き出すことにしました。それをもとに、一〇年後の浜の未来や、それを実現するアイデアのラフな案をこちらで作成し、それを男性・女性、ベテラン・若手に分けて住民の方々に説明し、意見を出してもらいました。アイデアを見ると、住民の方々も活発に意見を出してくれて、最終的には老若男女関係なく、一緒になって意見を出し合うことができました。

シナリオ・プランニングの手法を使いましたが、最終的に一〇六個のアイデアが出て、それを五つに絞って、住民皆が協力して実行に移すことになりました。

震災から二年あまりが経過した頃から、ハード面での復興が目に見えるようになってきました。漁港や水産加工場、道路整備などです。しかし一方で、震災直後によく言われた〈創造的復興〉が、ただの〈復旧〉になっているように感じました。一部の漁業・農業者や水産加工業者の中には、震災前とは異なる付加価値のある商品や販売方法で、文字通り〈創造的復興〉を実現されている方々もいます。しかし、広く住民や産業全般を見渡すと、「震災前よりも良い場所になるように、暮らしも産業も共に再創造しよう」という勢いは、しぼんでしまっているように思えます。また、多くの住民の方は、そのようなイメージをそもそも持っていなかったのではないかと思います。

住民の多くは、ご自身の生活の再建で手一杯です。そしてそこには当然ながら、震災前よりも豊かで新しい暮らしはイメージできません。行政と住民、農業・漁業・サービス業などのセクターを超えて、新しい石巻のビジョンを創るための踏み込んだ話し合いと共有が、真剣には行われてこなかったからではないかと思います。

この震災は、新しい暮らしやコミュニティの在り方など、政府のいう〈地方創生〉を先駆けて実現するチャンスにできるはずです。しかし、今のところ、これを現実のものにするためには、さらに多くの取り組みと時間が必要なようです。

地域の復興のために何よりも大切なのは、住民が自分の地域やコミュニティを愛し、誇りを持つことです。その誇りが創造的なアイデアを生み出す源になります。もともと、地域に対する誇りは持っている方が多いと思います。しかし、それを自覚し、地域のために行動、連携していくようになるためには、そのための取り組みと時間が必要です。震災から四年近くが経過し、ハード面での復旧はかなり進んできました。しかし一方で、時間の経過とともに経済的、精神的回復のできない社会的弱者の方の状況は厳しさを増しており、負の側面も顕在化してきています。

石巻市民みんなが、地域に対する愛情や誇りを思い起こし、共有することで地理的に広い石巻市でも広域の連携が可能となり、石巻の強みをベースにした石巻らしい暮らしや働き方、コミュニティの在り方を新しく創り出すことができるのだと思います。

私は、フューチャーセンターは本来、行政機関が保有すべきものだと考えています。国・県・市町村が、住民をはじめとするステークホルダー参加型で課題を解決していきながら、震災復興、地域創生を現実のものとしていく。それが遠回りに見えて、実は最も効果的で実効性のあるものだと思います。従って、今後は行政に対してフューチャーセンター機能を持つよう働きかけると同時に、自ら物理的な場所を持つのではなく、フューチャーセンターのソフト（対話やアイデア創造）の部分を活用しながら、広く東北の中で課題解決、地域づくりに関わっていきます。諦めるにはまだ早すぎます。

岩井さんは、これらの課題に引き続き取り組むために、二〇一三年一〇月にこはくを設立した。主体的な住民参加型の再建を実現することをめざし、住民が集まって対話するフューチャーセンターとフューチャーセッションのコンセプトを用いている。こはくの取り組みは、震災復興に限らない。むしろ、東北のすべての人にとってより良い東北の新しい未来を構築することに重点を置いている。そしてそのコンセプトや姿勢は、東北という共通の痛みを共有する全国の人々皆にとって、新しい未来を構築することに通じる。

「こはく」の活動内容

こはくには、主に二種類のサービスがある。

1　**コミュニティ支援事業**……石巻のコミュニティに総合的な支援を直接提供している。こはくは、石巻市のコミュニティ構築を総合的に手掛ける主要な組織である。漁業や商店街、子どもやお年寄り向けのサービスなど、特定の支援分野に特化した団体は数多くあるが、地域全体に対しての総合的支援も必要とされている。

2　**フューチャーセンター事業**……さまざまな解決したい課題を持つ個人、組織がこはくに課題を持ち込み、その課題を解決するためのプロセス設計と話し合いの場をこはくが提供する。その課題の中には、支援団体自体の課題（事業ビジョン・事業計画づくりや関係性構築など）も含まれる。直接的な支援事業の例としては、上釜地区の物語が挙げられる。

上釜では、津波により半分の家屋が壊滅し、二四〇人が命を落とした。震災前一〇〇〇世帯ほどあった住宅は、現在は半分以下の四五〇世帯ほどとなっている。震災直後、岩井さんはＪＥＮを通してフューチャーセンター創設に動いた。そうして、地域住民が食事を分かち合ったり、地域の将来ビジョン、今後取り組むべき課題など自分たちの問題について話し合ったりする場を提供してきた。

こはくの設立と共に、町内会の役員会にスタッフも参加し、コミュニティ再建のための提案を行ってきた。町内会活動の本格的な再開に際して、役員と一緒に「災害に強いコミュニティ、緑に囲まれたコミュニティ、互いに助け合うコミュニティ」というスローガンを考え、住民たちが話し合う場を設けた。

また、地区内に住民が集まり話し合える場所が少ないということで、町内会の副会長が自己資金を提供した。こはくはプロジェクト名を「まじゃらいん」と名づけた（地元の言葉で「仲間に入りませんか」という意味）。住民が集会所作りの計画に参画しながら、実際の建築も行う。それにより、地域の関係性を強くするという取り組みだ。二〇一四年四月に完成してすぐに住民は、いろいろなことを学べる教室などのイベントを企画し始めた。この集会所はまた、木材ブロックを利用して「レゴ」のように組み立てていく工法を用いて、地域の人たちが設計と建築を手掛けた事例でもある。

フューチャーセンター事業としては、二〇一四年の早い時期までに、ETIC.および地域創造基金さなぶりと提携し、こはくは以下の事業に着手した。

1 **課題解決プロジェクト**……石巻で活動する個人や団体が解決したい課題をこはくに持ち込み、その課題を解決するためのプロセスと話し合いの場の設計や実行支援をこはくが行う。たとえば、人口減少が著しく一部の小学校が休校となっている牡鹿半島で、子どもたちがこれからも学べる場を維持していきたいというテーマが持ち込まれた。解決するアイデアを考える話し合いの場を設けると同時に、さまざまな支援団体、地域住民、教育機関等の人たちを巻き込みながら実行していくプロセスの企画・運営支援を行っている。

2 **支援団体組織力強化プロジェクト**……NPOなどの支援団体は限られた予算と人員で活動しており、事業運営面で多くの課題を抱えている。そういった岩手、宮城、福島で活動する団体を対象に、対話の場を通じた若手の人材育成、各団体の事業ビジョン・事業計画づくり、事業運営の改善に関するコンサルティングなどを行っている。

こはくは石巻という地域のフューチャーセンター機能として、未来を共に創るための対話に人々を巻き込む一方で、東北地域におけるフューチャーセンター関連の動きを発展させ、つながりを作る活動を応援していくことも重要と考えている。

岩井さんは現在の状況を単刀直入に語る。

「道路、港湾、水産加工場、復興住宅など、物理的な再建が注目されることが多いです。これらの分野の再建には明確な計画があり、時間がたてば解決するでしょう。一方で、住民の暮らしや防災、教育、福祉、医療などのソフト面は、復興が大きく遅れていると感じます。震災前から、石巻や東北には経済の縮小、人口減少、高齢化などに起因する、数多くの課題がありました。社会そのものが縮小する中では、経済的な成長が重要とか、行政はサービスを提供する機関だ、といった意識を転換しなければいけません。震災復興のためには、行政や住民が〈低経済成長での新しい暮らし方を考え、実現する〉、〈行政は地域課題解決のコーディネーターであり、住民や企業も課題解決の参加する〉といった考え方への方向転換が必要です。中央政府が〈都市開発〉ではなく〈地方創生〉を主要テーマに掲げるのは日本独特だと思いますが、こういった動きを活用・連携しながら、今、行動を起こさなければ、（より多くの人々が互いに話し合い、これまでの暮らし方や価値観を見直し、自分たちが支持する新しいアイデアを地方から生み出さない限り）道路、港湾、工場などのハード面での復興も、人口減少などによって意味のないものとなってしまうでしょう」

以上、石巻のフューチャーセッションの立役者である岩井さんの物語のエッセンスを紹介した。他の仲間と同様、岩井さんは自らの健康のリスクを冒しながらフューチャーセンター関連の活動を支えている。フューチャーセンター関連の企業コンサルティングをする彼をはじめ、身を粉にして働く人々がこはくの活動資金を補っているのが現状だ。それではいつか誰かが倒れてしまう。岩井さんは、こはくの活動支援として年間一〇〇〇万円があれば十分だと言う。個人的に、僕はそれでは十分だとは思わない。一人ひとりの変化が地域を変えていくが、社会を、未来を変化させていく仕事の枠組みは、遠大で簡単ではない。支援が広がることを願っている。

7

Making
a New World

新世界を創る

——あらゆる場所で人々は立ち上がる

コミュニティ建設の力強い物語《ストーリー》は、日本だけではなく世界中で展開している。いろいろな場所で、人々はその人生にコミュニティを取り戻している。共に未来を創造する方法に関しては次章で考察を述べるが、その前に、外に視野を拡げてみよう。

この一五年の間、僕は世界のさまざまな地域の人々と協働するすばらしい機会を得てきた。こう書きながらすぐに僕の脳裏に彼らの顔が浮かび上がってくる。たとえば、デボラ・レベロ・マレマ。彼女は南アフリカのヨハネスブルク在住、ズールー民族の戦士だが、僕のバッグを持ってくれるのが常で、確かなコミットメントを持つ、慈悲とビジョンの人だった。中には、顔は鮮明に浮かぶけれども名前は思い出せない人もいる。たとえば、ブラジルのサントスで、貧民街にある自分のアパートにいる女性だ。彼女は一つの部屋の外の青い壁を指差して、微笑んで言った。

「私、この壁を青く塗ったの。雨が降るときにはいつもこの壁に滝が見えるように」

これらの人たちの物語も紹介したいが、それはまた別の機会に譲り、ここでは彼らとの体験から学んだことを少し分かち合いたい。

世界に異議を申し立てていく仕事において、我々は孤独ではない。歳月の中で、我々は互いを見出し合うだろう。互いにつながっていくだろう。失敗、成功を共に分かち合い、コミュニティと人生をつないでいくだろう。時にはひとりぼっちだが、時には共に在る。時には出会い、また時には会わずにいる。どちらにしても、我々は人間であることの権利を取り戻そうと働く一つの種族なのだ。

昨今、我々は、次々と降りかかる諸問題——気候災害、破綻した経済構造、そして健康、教育、ガバナンスなど、至るところで崩壊していくシステムを目撃している。物事がバラバラになっていく。現前するこれら崩壊の横で、新しいものが生まれている。人々は、自身や隣人を元気づける方法を見出している。もっと健康的に生き、意味のある、美を創造する仕事をしていく方法を。

この本は、崩壊していくものや生まれ出るものを探究する場ではない。それに読者であるあなたに何かを信じてもらおうと躍起になるつもりもない。僕は、あなたを招待したいとは思っている！

自分自身の人生を見つめることへの招待だ。あなたは健康だろうか。人生が展開していく先は幸福なものだろうか。高揚を感じたり、鼓舞されたりする事柄によく気がついているだろうか。目の前の世界に納得しているだろうか。人生における本当に大切なことについて誰かと会話する時間や場所を、見つけることができているだろうか。そうした時間は誰にとっても普通ではなくなっている。あなたは大丈夫だろうか。

崩壊と創造。二つの世界は隣り合っている。僕はその両方の間、それらが混ざる乱雑な中間地帯に、自分を見る。一方の足は古い下駄を、もう一方は新しいブーツを履いている。僕は誰であるか、貢献できるどんな才能《ギフト》を持つのか。その洞察は、しばしば消えてしまう。するとしばらくは不確実さにもがき苦しむことになる。それから、光が再び見えてくる。その繰り返しの中で、僕は気がついた。僕は前よりほんの少し先まで自分の道を見通すことができているようだ。打ちのめされている時でさえ。少しずつ、違う未来が僕なりに見えてきている。

最近、僕は米国出身のリーダーたちの小さな集まりの中にいた。彼らはさまざまな力強いレジリエント・コミュニティ運動のリーダーで、僕は僕の米国のＮＰＯであるニュー・ストーリーズとして、そうした努力の「共同実験の場」に招聘されたのだ。持続可能性や、レジリエンス、繁栄、脱化石燃料、トランジションといったラベルを超え、相互の学びと協働を目指す場だ。

多様な仕事の成果発表を聞きながら、我々が健康でレジリエントなコミュニティを創造するためにいかに学んできたことか、と感動を覚えた。何十年にもわたり、人々はここかしこで懸命に働いて、既存の支配的文化に代わるもの《オルタナティブ》を創ってきたのだ。それらのオルタナティブは堅固なものになりつつある。確かにまだ先は長い。が、実際、我々はプロトタイピングの段階の先に移行し始めている。

ジンバブエでも同じような物語《ストーリー》を聞く。あるレベルでは、依然古い政治体制が続いている。別のレベルでは、人々はそれぞれの生活・人生を生きている。朝には目覚め、またその日の生活を営んでいく。それぞれの仕事をして、互いにつながって、関係性を築き、学びを分かち合い、そして不確かな未来へと共に歩いていく。

ギリシャはどうか？　やはり同じだ。二〇一一年の経済崩壊により、多くの人がほとんどすべてを失った。田舎の人々、ギリギリの経済状況にいたその他の人たちは、そのわずかな蓄えさえ消失するのを目の当たりにした。今彼らは、新たな地域経済を創造している。それは交換経済とさまざまな地域通貨を基盤とするものだ。持っていないものに打ちひしがれるのではなく、持っているものを再発見していく。

日本においても同様だ。二〇一三年後半、藤野の人たちと夜のひと時を過ごす機会があった。日本における最初のトランジション・タウンである。僕はその部屋に入るや否や、つながっているコミュニティの空気を感じた。互いを知っていて、冗談を言い合い、共に働き、力強いコミュニティを創るために実際的に支え合っていた。まだ始まったばかりのコミュニティだ。そのほとんどの人が、古い世界と出現しつつある世界の両方に住んでいる。しかし新しい世界は確実に出現しつつある。三・一一以前は、日本の人々はトランジション・タウンのことを聞けば尋ねたという。「なぜそんなことを?」と。今、人々は言う。「どうやって創るのか?」と。

二〇一四年の初め、自然災害により惨害を被った米国内の各地を訪問する機会があった。コミュニティを再創造している人々に会った。二〇〇八年の大洪水で荒廃したアイオワ州シーダーラピッズの下町を歩きながら、僕はまるで石巻市にいるような感じがしたものだ。一階が閉まったままの店がまだある。通りや歩道の修理が新しい。

シーダーラピッズで見たのは、本当の仕事は始まったばかりだということだ。東北で感じたことと同じである。特に沿岸地域と福島だ。僕たちは、長い道のりの始まりにいる。

本書のテーマに戻ろう。三・一一以降の日本において僕は、災害後の社会は次の典型的な三段階を通ることに気がついた。

1　緊急事態と救出

すべてがバラバラになる。人命が危機にさらされる。避難所、飲料水、食料、衛生設備、衣類、健康管理、インフラのすべてが直ちに必要である。救援が到着する。学校やスタジアムなどが緊急避難所となる。今すぐ必要な物資を積むトラックが次々到着し、ボランティアが入ってくる。犠牲となった方々の遺体を捜索する、胸の締めつけられる作業が続行される中、瓦礫を片づけ始める。瓦礫処理が進むにつれ、道路が修復され、コンビニエンスストアなどが作られ、時間が緩慢かつ急速に過ぎる――わずかな沈静が見え始める。日本の奇跡の一つは、二〇一一年の秋までに三〇万人の人々のために仮設住宅が手配もしくは新たに建設されたことだ。震災からわずか半年後の九月までに、一息つき、未来を模索することができたのだ。

2　レジリエンス

それから、次の段階の仕事が始まる。人々が集まり始める。変化を起こすために、それぞれの知識や資源を持ち寄り利用する。誰もが参画する――市民である個人、コミュニティのグループ、政府、企業、会社、ＮＰＯなど。交渉時間はまずない。誰もが可能な限り迅速に走り回る。人々が特定の地区や資金供給源との関係性や債務・義理を形成するにつれ、サイロが増加する。人々がほかの誰かの仕事が自分たちに違いをもたらしてくれると思うとき、協力関係が発達する。

新しい発想が発展し、試行される。もっともなことだが、初期の試みはしばしばうまくいかない。そして人々は働き続ける。誰もができるだけ早く動き回っている。なすべきことはきわめて多い。最も深く入り込んでいる人間が病気にかかったり、時に入院したりする。しなければならないことが多過ぎて、ただただ圧倒される雰囲気が漂う。想像もしなかった仕事をしている自分に気づく。時に、仕事がおもしろかったり見返りがあったりすると、罪悪感を覚える。「悲しがっていないといけないのでは？」と。新しいビジネスやサービスが現れ始める。物事が良くなってくる。深呼吸をし、目の前のチャレンジから目を上げ、次は何だろう？　などと考えたりすることが生じる。これが二〇一三年末から二〇一四年初めに日本で起きていたことである。

3　長い道のり

旧い平常《オールド・ノーマル》が戻ってきたように感じる人もいる。大丈夫だ。すばらしくはないけれども——三・一一以前からあった同じ課題は依然としてある——しかし少なくとも、普通に見えている。その旧い平常《オールド・ノーマル》の中にただ休んでいたい人もいる。一方、違う呼び声を感じている人もいる。それは、内なるすべてが違う、という声だ。本書でここまでに紹介した物語《ストーリー》の多くが、内面の変化について語っている——すべてが変容した。物質的繁栄は前より重要ではない。関係性と幸福がより重要だ。もう一つの世界が可能になっているという感覚がある——この意識の変容が、長期間にわたる仕事にとっての燃料となっている。

福島と沿岸地域では、戻れる旧い平常《オールド・ノーマル》はどこにもない。それはただ消えたのだ。今の問題は、どんな未来を僕たちが創るかだ。全国で、旧い平常《オールド・ノーマル》の復旧では十分ではないという認識が起きている。

他の何かがあり得るだろうという空気が。

　この長期にわたる仕事をする中で、何が僕たちを持ちこたえさせてくれるのだろうか。必要な自信をどこに見つけられるのか。どんなスキルや能力が重要だろうか。どのようにすれば過去とは異なる考え方や見方ができるだろうか。見知らぬ未来に踏み込んで行こうとするとき、どのように毎朝起き、十分に生きることができるだろうか。

　ドイツの詩人ライナー・マリア・リルケの詩に、この旅に示唆を与えてくれるものがある。

あなたが思い描くものに命を与えなさい
それは生まれることを待っている未来
未知の感覚を恐れてはならない
はるか前から未来はあなたの中にある
ただそれが生まれるのを待ちなさい
新たな明かりに満ちた時のために

　僕たちはこの明かりを共に見つけよう。東北のみならず日本全国で、人々がそれぞれ違う人生を渇望している。同じことが世界各地でも言える。そこで感じる未知の感覚は、あらゆる場所にある渇望だ。しばしばそれは小さなささやきだが、それでもあらゆる場所で人々は、立ち上がること、そして共に立つことを学んでいる。

この未知の感覚に入っていく人がいる。そこで人は互いを見つけることになるだろう。そうしながら、長い道のりを歩く力、技術、自信が育っていく。また技術と力は、緊急事態と救助活動、そしてレジリエンスの段階を経ることで、徐々に美しく発揮されるように育っていく。我々は残念ながらこれからも災害やシステム崩壊を経験するだろう。それらが起きたとき、我々はそれに対処しなければならない。内面の洞察と、湧き上がるエネルギーをもって、この長い道のりの仕事を続けていかなければならない——共に、願う未来を築くために。

8

Seeing
a New Future,
Together

新しい未来を共に見つめて

――コミュニティを導く物語の創り方

物語《ストーリー》、物語、物語。世界は物語でできている。ここまで、皆さんにたくさんの物語をお読みいただいてきた。それらが僕にとって特別であるのは、**すべて普通の人々の物語である**からだ。前に進む明瞭さと勇気を見つけ、自分が提供できるものを差し出している人々。「普通」であることがここでは重要だ。

僕の人生は僕を権力の回廊へ引っ張ったことはない。僕自身の仕事は、普通の人々が、その創造性と良識《コモンセンス》を使って、どのように一緒に協働し、変革し、そして創造していくのかに関するものである。そして、どのように人々が、地域における変化と変容のシステムを創り、前に進んでいくかに関するものだ。信頼する友人にマクロ・システムのレベルで仕事をする人がおり、僕が自分の仕事を理解する助けになっている。また、方策《ポリシー》――特に経験からの知識や知恵に根差した方策を具体化していく人たちにも感謝している。

震災が起きた直後、多くの人たちが前に進み出た。何が必要なのか疑問はなかった。食料、避難所、瓦礫処理、必須のインフラの再建と再生。危険物の撤去。今すぐに！

災害に見舞われた後の目標は常に非常にはっきりしている。概して、それまでの議論は脇に置かれ、エゴは抑えられる。人々は、なされるべきことのために互いに手を取る。しかし、物事が片づき始め、全コミュニティの再建の時になると、何が起こるだろう？

不確実な未来に向かって、我々はどのように道を見つけていくのだろう。どのようにして活き活きとした力強くしなやかなコミュニティを築いていくのだろう。災害そのものや緊急対応の段階が終息していくと、次に何が来るのだろう。

東日本大震災から三年以上の月日が過ぎた。非常事態、過酷な救出作業の時は、過ぎた。人に備わるレジリエンスが発揮され、新しい復元の力が必要とされる時期にたどり着いた。次は？ どのように前に進むのか。日本のある地域では、あたかも一九九〇年代に戻ろうとする力が働いているように見える。政治家たちが言う。経済を活性化するために、モノの生産を増やし消費すべきだ。それによって国民は幸せになる、財布も膨らむ。しかし、そう思えない人たちもいる。皆さんはどうだろうか。旧い平常《オールド・ノーマル》は十分なものだろうか。

震災以前の日本、二〇一〇年に耳に聞こえてきた会話を振り返ると、ほとんど不平不満の声しか思い出せない。皆さんが戻りたいところはその旧い平常《オールド・ノーマル》だろうか。福島および津波に破壊された沿岸地域ではコンテクストがまったく違う――旧い平常《オールド・ノーマル》はなくなってしまった。そして新しい平常《ニュー・ノーマル》が創られなければならない。だが日本の他の地域ではどうなのだろう。表面は、おおむね三・一一以前と同じに見えるかもしれない。しかし何かもっと、何か違うものが表面下で進行していることを、絶えず僕は感じている。震災は、どんな未来を我々が望むのかという問いを、日本全国に解禁したのだ――我々の幸福とは何かという問い。我々が、自身や、未来の世代に望む世界を創造するために、一人ひとりがどのように立ち上がり、かつ共に立っていられるか。それらに関わる問いの数々が、解禁された。

東北で起きたことは、より広範囲における変容の始まりを、我々にもたらしている。ここ三年以上、僕は、本書で触れた物語《ストーリー》に寄り添い、こうした問いについて多数の方々と語り合ってきた。新幹線の中で、東京の多くの宿泊先の部屋で、また僕のホストファミリーの家で、僕は思索し、問い続けてきた。経験を理解するために、モデルや原型が必要だと思った。この時代の複雑さの代理人として、先へと僕を導く助けとなる道具《ツール》とプロセスを必要とした。絶え間ない変化の領域を行く水先案内となる地図《マップ》を必要とした。

僕が用いたモデルやフレームワークのいくつかは、日本のコミュニティの新しい未来を創造する方向を考察するのに役立つだろう。以下、この不確実な時の水先案内となったものをいくつか共有したい。皆さん自身が道を創っていくのに役立つ材料となることを願う。

並列する旧いものと新しいもの――2つのループ

我々が変化の時代に在るということにはたいていの人が同意するだろう。気候変動や、日常のストレス、また迫り来る地球規模の水不足や天然資源の過剰消費、それらどの点から考えても、我々は持続していくことができない。そのことに多くの人は気づいている。日本だけではない。地球全体に当てはまることである。

人の一生がたどるモデルカーブというものがある。物事は徐々に向上していきながら、時々でこぼこに出くわし、絶頂期があり、そして下っていく。時にその道は長いカーブであり、また太く短いものもある。永続するものはない。環境は変わっていく。

図8－1は、我々の現実を表した一つのイメージである。一九九〇年代の初めには、多くの人々は、今行っていることを続けていけばすべてはうまくいくと思っていた。バブル経済が弾けたときでさえそれは一時的な停滞で、すぐ戻ることができると思われていた。しかし新世紀が始まると、たくさんの人々が、経済的繁栄は本当に幸福への鍵なのだろうかと疑問を感じるようになってきたのである。

やがて戦後の高度経済成長を支えてきた人々は引退する。二〇世紀最後の数十年に生まれた世代は、その親世代がたどったエコノミック・マシーンの道には進もうとしなかった。四〇代と五〇代の人々は、より年長の人々やより年下の人々の間にあって「貧乏くじを引いた」状態に置かれることになった。

そしてあの日、三重苦の災害が起こった。

震災以前にも、物事がうまく機能していない感じは

図 8-1

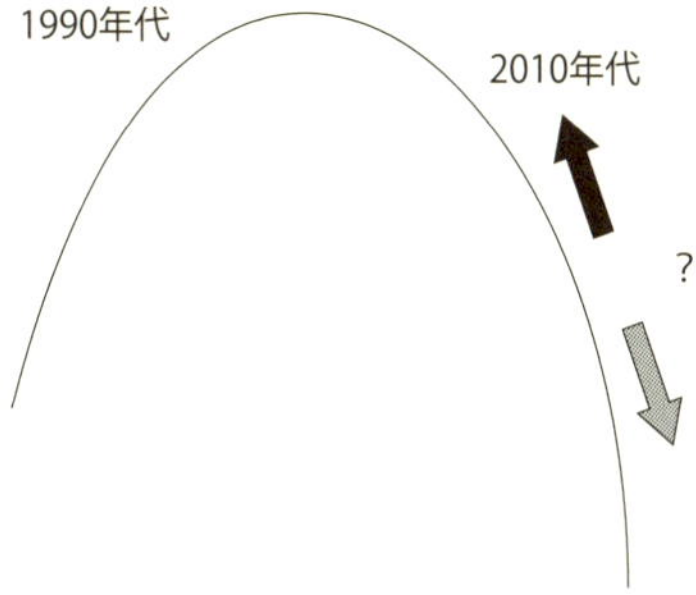

あった。高齢化社会のプレッシャー、多世代家族の終焉、公教育システムの不全、経済停滞、健康管理体制におけるさらなる難題、そして蔓延する不健康感。それでもほとんどの人たちは、上向きの矢印を進むべきであると考えていた。旧い平常《オールド・ノーマル》へと自らの背中を押して。もちろん全員がそれを正しいと思っていたわけではない。しかし多くの人たちがそれに従っていた。多くの集まりで、旧パラダイムと新パラダイムといった言葉が使われ始めた。

三・一一以後、下向きの矢印がもっとはっきりしてきた。もし僕たちの仕事が、現存するシステムをある意味で補助しているもはや機能していない部分を取り除くことであるとしたら、どうだろう？　そしてそれが、旧い平常《オールド・ノーマル》に戻ろうとするものではなく、新しい平常《ニュー・ノーマル》を創成するものだとしたら？　我々は旧いパラダイムを見送り、新しいパラダイムを創っていきつつあるのだとしたら？東北、特に福島全域と沿岸のコミュニティでは旧い平常《オールド・ノーマル》はなくなってしまった。あり得ないことのようだが、あり得る状況である。飯舘村の箱崎さんが僕を座らせ、彼が作ったスライドを初めて見せてくれたときのことを思い出す。伝統的な経済指標であるGNPで福島と東京を比べる図だった。長きにわたり、福島は東京に遅れを取り続けている。図では、震災が引き起こされる直前の時点で、その差は乗り越えられないものに見えた。箱崎さんが言うには、福島には明らかに、別の新たな成長指標が必要である――おそらくお金ではなく、幸福という指標が。そうすれば未来への地図を創ることはできる。旧いものを手放し、新しいものを創成するのだ。

三・一一以前でもすでに人々は、旧いパラダイムから徐々に外れつつあった。**図8-2**のいろいろな「×」は人々が新しい何かを始めていることを示す。ある者は東京を離れ田舎に住む。他の者は新しい原則で運営する学校を設立する。ある者は自然エネルギーの実験をしている。そこを震災が襲った。

東北全域で、人々は、政府がすべてをどうにかしてくれるのを待つことはできないと気がついた。自分たちが前に進まなければならなかった。二〇一一年四月に訪問した、石巻にある最初のボランティアセンターでのことを思い出す。そこの人たちが言っていた。

私たちはどうやってセンターを運営するのかわからないです。自分たちは教師です。学校で働いています。でも誰かが前に進んでセンターを組織していかなければ。たくさんのボランティアの方々や寄付が全国から集まっています。だから私たちが立ち上がったのです。

ボランティアセンターだけではなかった。懸命な救出と復旧作業にとりあえず見通しが見えてくるや、さらにまた膨大な仕事が待っていた。

図 8-2

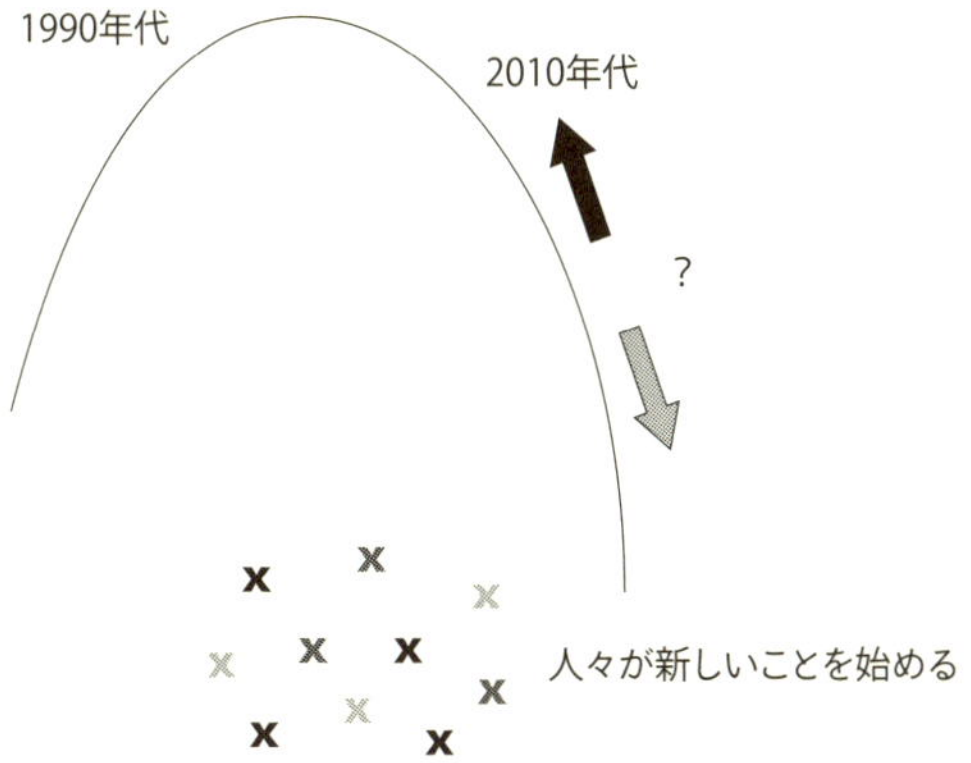

避難所の方々の支援、子どもたちへの支援、新規事業支援、高齢者支援、新規住宅設備建設などなど。終わりのない「支援リスト」に人々は立ち向かっていった。

そうして立ち向かう先は、複雑で混沌としている。原則やガイドブックはない。彼ら自身が始めなければならない。目にしたものから対応し、できるだけ早く習熟する。しばらくは皆、それぞれ懸命に働いていた。だが、暦が二〇一二年に変わる頃、人々は互いにつながり始めた。ネットワークを構築し始めたのだ。

これら初期のネットワーキングは大切である。人々はただ、互いに共有し始める。**図8-3**は、たくさんの異なるテーマで働いている人たちを示す。共有することは多く、どんどんつながっている。多くは、ただ取り組んでいることや、自分自身の中で起きている変化について、互いに話すだけだった。こうした初期のつながりは、我々が一人ではないことを思い出させてくれる。

さらに人々は、こうしたネットワーキングだけでは十分ではないと気づき始めた。では、他に何が必要なのだろ

図 8-3

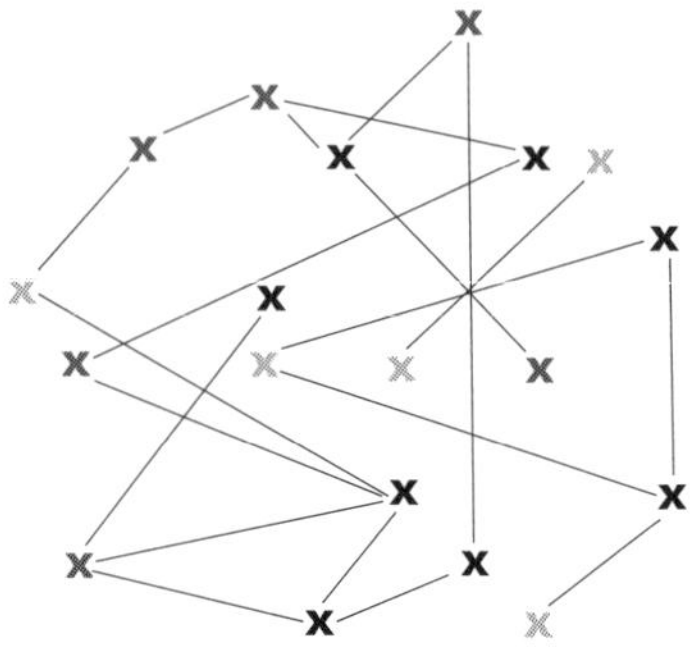

う? 同じテーマで仕事をしている人たち同士が互いを求め、つながり始める。コミュニティ内やコミュニティ間で、つながり始める。これは、「実践コミュニティ*」の形成の初期段階として認識される。ここでは同じ課題やテーマに従事している人たちが互いにつながり始め、経験を共有し新しい学びを創造していく。図はさらに別の位相に変容していく(**図8-4**)。

つながりはより洗練されていく。個々人が、互いに似通った仕事をする人たちを探し始める。学びが深まっていく。ローカルな変化が、より広範な社会的変革へと道を開き始める。現在の東北ではいくつかきわめて特異なテーマがある。たとえば放射性物質の除染だ。もう少し広いテーマではコミュニティ再創造などがある。どの場合でも目的は同じだ——コミュニティの質を実際的に向上させる新しい何かを創造するために、実践する人たちが寄り合って

図8-4

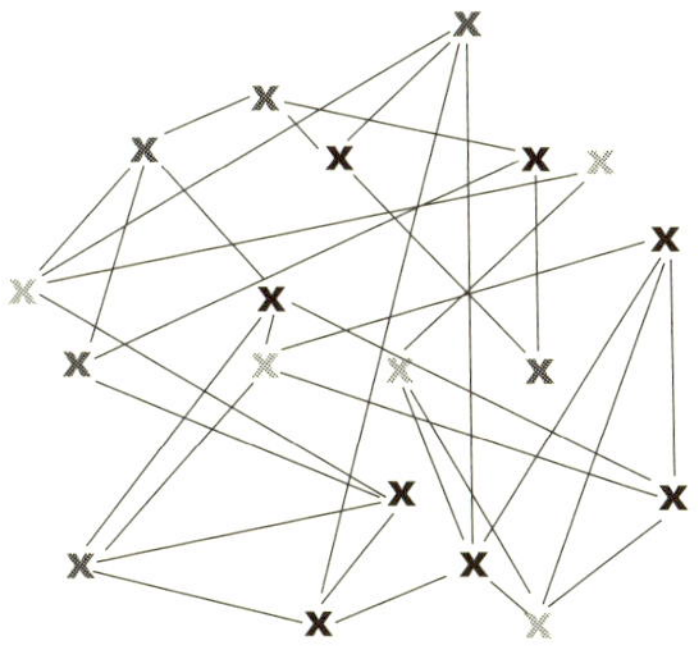

* Community of practice. 集団への参加を通して知識と技巧の修得が可能になる社会的実践が展開される場のこと。村落のような自然共同体に限らず、企業、学校、NPOなど社会のあらゆる共同体が含まれる。(参考:ジーン・レイヴ、エティエンヌ・ウェンガー『状況に埋め込まれた学習——正統的周辺参加』佐伯胖訳、産業図書、一九九三年)

共に互いの経験を学び合うことだ。こうした実践コミュニティが増加するほど——公式あるいは非公式に——それらは地域全体を変革するようなものへと組織化されていく。

　こうして、新しいパラダイムが創成されていく——共に生きるための新しい平常《ニュー・ノーマル》の誕生である（図8－5）。

　こんなことが実際に起こり得るのか、疑問を示す人もいる。しかし、実際に起こっている。時間はかかる。長い道程である。だが、共に起こしている人々はいる。人々は新しいパラダイムに基づく、新しい生計あるいは生き方を、一緒に創造してきたのだ。事例を挙げてみる。

　一九七〇年代の米国で、「大地へ帰れ運動」*を推進した人たちがいた。

図 8-5

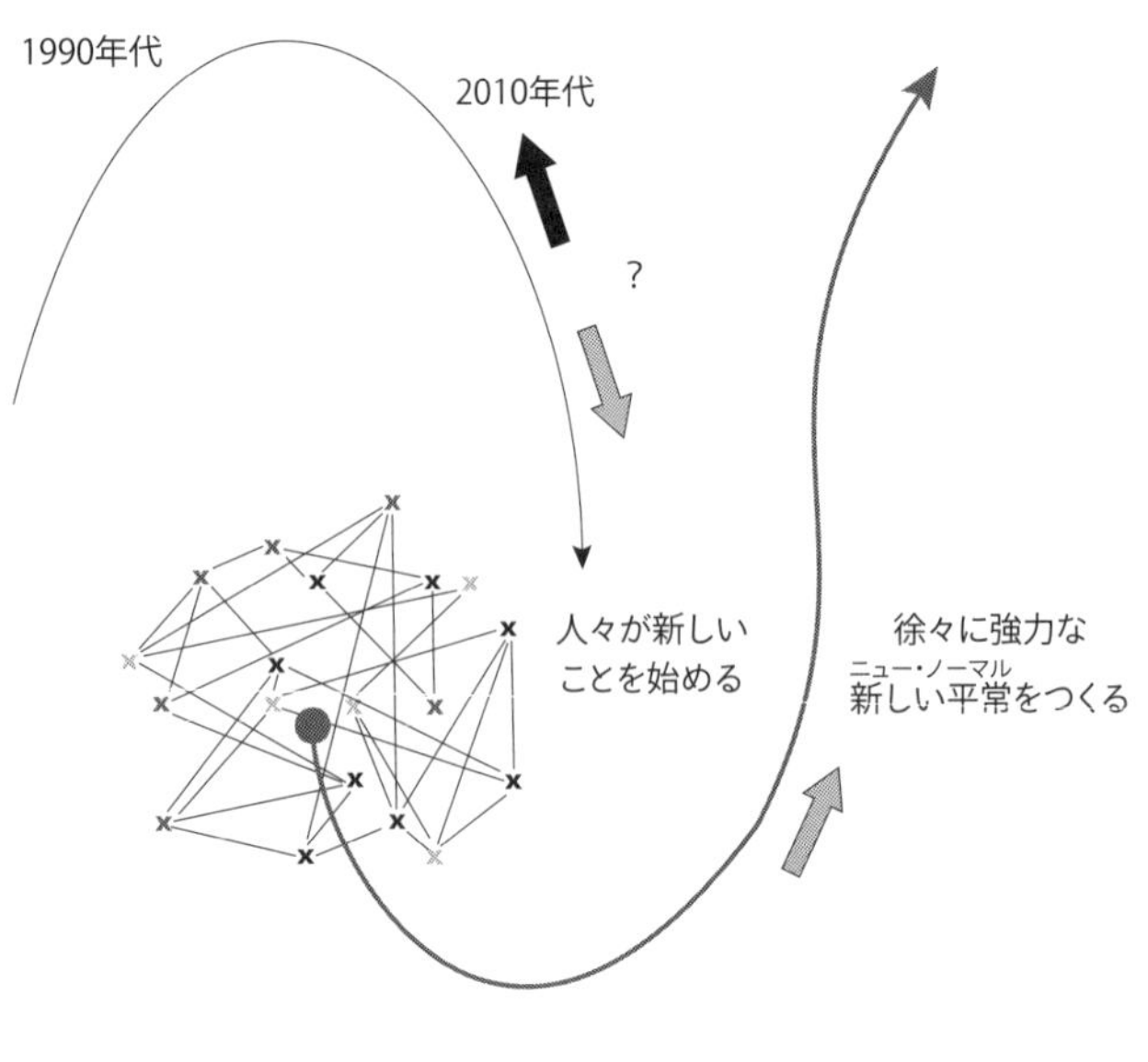

この運動は当初、自分たちの食料を育てようとしたが、多くのイノベーターや起業家同様、当初はほとんどうまくいかなかった。くじけて去った人々もいた。残った人々は学び続けた。一九七四年、(僕の故郷である) ワシントン州スポケーンで行われた万国博覧会での環境シンポジウムに僕は、ウェンデル・ベリーという農家の詩人をスピーカーとして招聘した。「地元食材の多彩な生産方法を見つけることは、可能であっただけでなく、必要だったのだ」と彼は言っていた。彼の発言により「ティルス (Tilth)」[8] が創立された。地元食材の生産促進に取り組む実践者たちのコミュニティである。その人たちは実践すると同時に、他に必要なことについて対話も始めた。そこから成就したことの一つが、都市部の住民との協働の開始であり、ファーマーズ・マーケットの設立だった。一九九〇年代初期のことだ。コミュニティに新しい価値を付加したことは、貴重な体験だった。

さて、このローカルフード・ムーブメントが始まってから四〇年以上になる。今では、ほとんどのスーパーマーケットは地元食材の棚を設けている。たとえば倉庫型小売業のコストコは、できる限り地元食材を販売することで評判を得ている。ローカルフードについて何も知らない人でも、簡単にそれらを購入できる。新しい選択肢に光が当てられ、橋が架けられて、人々はその新しいところへと簡単に渡ることができるようになったのだ。人々は、地元食材を食する利益についての体系的な分析はしない。だが単純に、それは納得できることなのだ。

もちろん、人生は図のようにシンプルにはいかない。しかしながら、次に見るように、ここには

＊「大地へ帰れ運動 (back-to-the-land movement)」とは、都会や消費社会を離れ、田舎で自然のリズムに沿った生活をしようとする運動。米国で一九六〇年代から盛り上がり、一九八〇年までに一〇〇万人が移住したと言われる。

何らかの鍵となるものがある。

1 別々で、そしてつながっている、不可欠な三つの仕事の領域がある。

——ある人々は、もはや必要のないことを手放し整理しながら、旧パラダイムの中で物事を安定化する。

——他の人は、新しい可能性を創成していく。

——ある人々は、両者に橋を渡し、その橋が新しいものに光を当てる。

2 我々が手がけることの多くは、うまくいかない！　物事は何度でも壊れる——三つのどの領域においても。屈することなくやり通す。一度に一つずつのステップで。

3 新しいものを創成する実践コミュニティは、どんな場面でも必要とされる。旧パラダイムの人々も、橋渡しをする人々も、互いに学び合う必要がある。

4 同様に、橋そのものを創る仕事がある——他者を招き入れ新しい何かを試しながら。それが全領域で進んでいく。

5 最後に、全体システム、全体モデルを自分の心と理性の中に保つことが重要だ。多くの異なる人々が、心の声に呼ばれてその仕事に携わり、それぞれの持っているものと知恵を差し出すことが、変容のステージを用意する。

図8-6は「地図」である。この地図がすべてを説明するわけではない。しかし、社会的変容に

求められる、さまざまな行動を考える一つの方法にはなる。特に、自分の仕事がこの地図上のどこに位置するのかを見出すことは有益だ。ベルカナ研究所では、この図を「二つのループ」と呼んでいる。日本でも紹介してきたもので、多くの人に自身の仕事について考えるために役立てていただいている。

　皆さんは今、この二つのループのどの辺りで働いているだろうか。この地図上の他の部分で働く人々は、どんな場面で皆さんにとって必要になるのだろうか。互いにどのように支援し合うことができるだろうか。

　思い出してほしい――今、日本そして世界のあらゆるところで、旧来の物事が機能しなくなり、かつ新しい物事もうまくいかないという混乱の真ん中

図 8-6

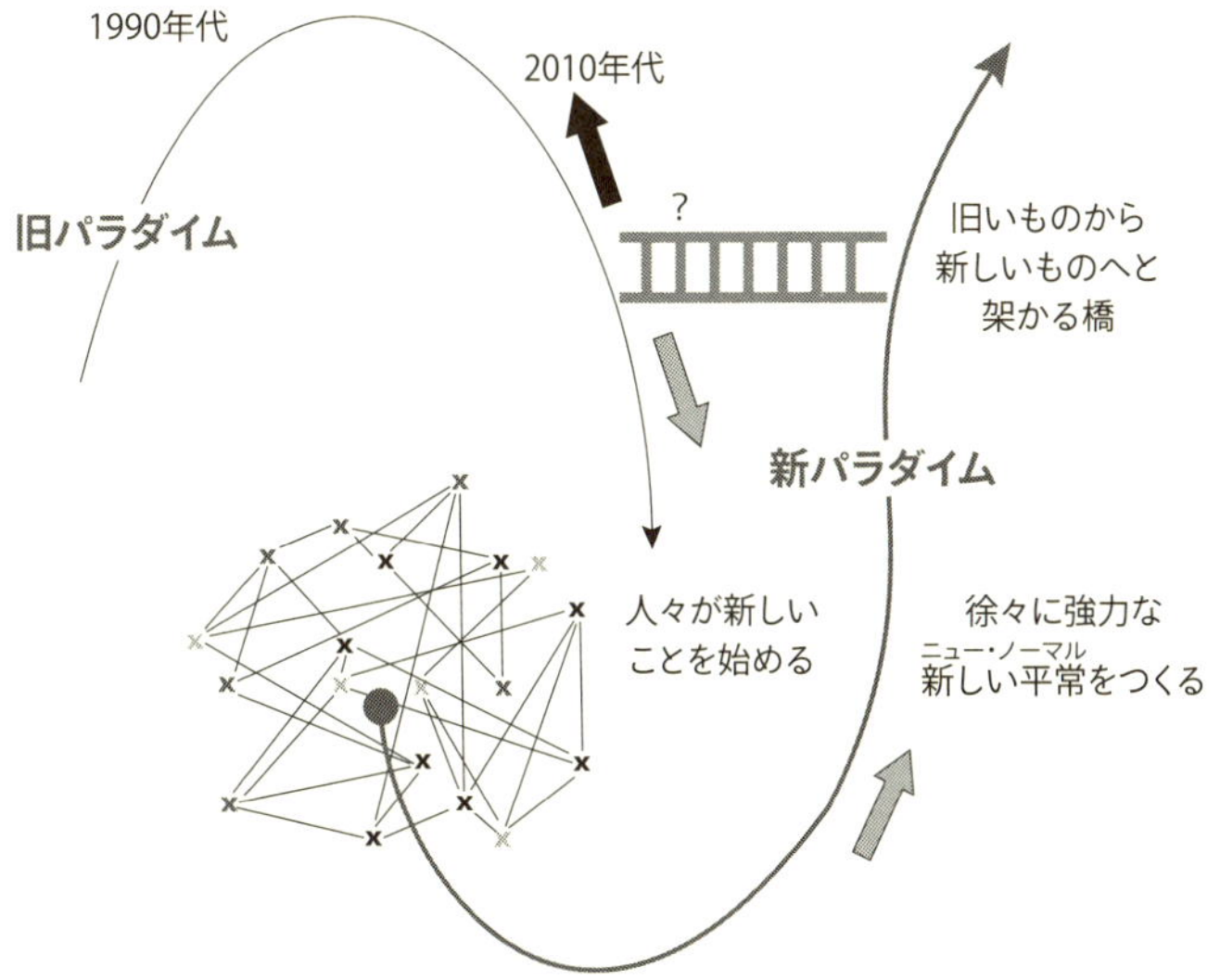

に我々は生きていることを。我々は学び続ける。混乱状況をきれいさっぱり片づけようなどと思ってはならない。それは不可能なことだ。足下から崩されてしまうだろう。しかし、我々は「意図」と「自己の明け渡し」とが織りなすものに沿って、共に道を見出していく。

僕にとって、このシンプルな「地図」は、今起きていることを理解するのに役立ったものだ。起きていることすべてを理解しようとしてうまくいかないとき、緊張を解くのにも役立つ。周囲のカオスを少し和らげるのにも役立つのだ。

新しい未来のための新しい物語

二〇一三年初めまでに、東北で活動する僕たちの多くは、あることに気づいていた。たくさんの良い仕事が始まっていた。しかし、十分ではなかった。どれにも共通して何かが欠けていた、あるいは今なおそうである。「二つのループ」に戻ってみると、**図8-7**が僕たちの状況の一部を示

図 8-7

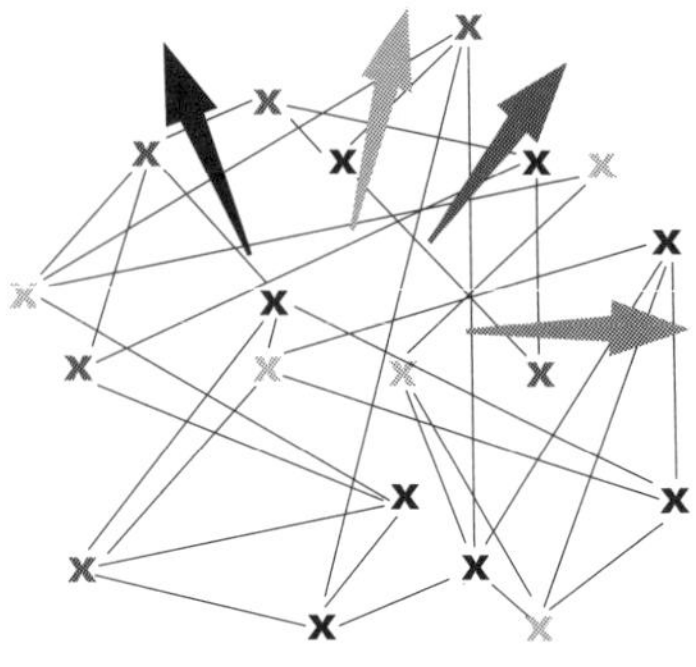

している。

たくさんの、良い仕事が始まっていた。新しい考え、新しいビジネス、新しい支援構造など。しかし、ほとんどの場合、それらは弱小であり、孤立しており、完全ではなかった。十分な時間を与えられることで――先に紹介した米国のローカルフード・ムーブメントのように――それらはもっと堅固なものになっていくだろう。しかし、その変化を促進するものは何だろうか。

自分たちより大きなものに対応するには、どうすればよいか。どこでひと休みし、深呼吸して心から問えばよいのだろう。「何が今、可能だろうか」と。これは企画や政策を創案する人が常に考えている問いだろう。しかし、その種の仕事は、先行きが比較的はっきりしていて、諸事が安定しているときに最も有用となる。それは「二つのループ」の、最初のループの左側にあたる。そこでは従来の事柄を継続していくためにガイダンス・システムを創りもする。なぜなら行く先を心得ており、かつそれが気に入っているからだ。企画や政策はガイダンス・システムである。だが、未知の未来に向かって行くときはどうだろう。どのようにして新しい幸福の物語《ストーリー》の創造に着手すればよいのだろう。

一五年の間、僕は世界のさまざまな地域で働き、新しい物語を創造する数多くの手法に出会った。好事例をいくつか共有したい。日本において新しい物語をどのように発見するか、僕たちの考えを刺激する助けとなると思う。

変容型シナリオ・プランニング

アダム・カヘンによって提唱され、レオス・パートナーズ[9]が広めた変容型シナリオ・プランニングとは、多様な人々のグループに、**起こるかもしれないこと**を想像してもらう一つの方法である。これは、二五年ほど前に南アフリカでアパルトヘイト後の未来づくりのために初めて実践され、同国内の対立の終焉をもたらす上で鍵となる役割を果たした。近年では、南アフリカの未来への複数の筋書きを示した「ディノケン・シナリオ[10]」で用いられた。

変容型シナリオ・プランニングでは多様なステークホルダーのグループを集め、まず十分な信頼感が生まれるようなワークをする。それが互いに自発的に耳を傾け合う準備となる。そうして、何が可能なのか、想像力を働かせて共に考えていくのである。

典型的なシナリオ・プランニングは適応的なものだ。それは「未来とはある程度決まっており、我々は我々自身の行動をその未来に適応させなければならない」というマインドセットで向き合っていく。逆に、変容型シナリオ・プランニングは、我々を我々自身の運命の作者にする。カヘンの著書『社会変革のシナリオ・プランニング』（英治出版、二〇一四年）に、このプロセスの詳細が記載されているので参考にされたい。

成果の指標

五年ほど前、ブラジル、サンパウロの人々と協働する機会があった。彼らは未来の新しい物語を創るためにユニークな方法に行きついた。

まず、彼らは市民組織の間に広範な連合を設立した。そして政策の成果を指標によって可視化することをサンパウロ市に要求する、新しい法案可決を求めて協働した。法案では指標について定義はせず、ただ市はそれを公に開示する義務があるとした。法案は通過した。すると公務員たちは困惑した。法律を成立させた市民組織に彼らが出向き、助けを求めなければならなかった。

時間がかかった。コミュニティ・ミーティングが幾度も開かれ、変革に向けて法案の修正を重ねた。特別委員会が広範囲にわたる実践されるべき事柄をリストアップした。バスの待合所に関する指標から、高齢市民の包括的な健康管理に関するものまでさまざまだった。多岐にわたる議案や指標が初めてコミュニティ全体に可視化された。

ブラジルのこの特殊な経過は、自分たちで創れる未来を見据えて市民が立ち上がったことから始まった。この市民組織「ノサ・サンパウロ[11]（私たちのサンパウロ）」は、世界でも有数のこの大都市において、引き続き地域活動の触媒《カタリスト》として支援を続けている。

コミュニティと地域の未来のイニシアチブ

一九七〇年代および八〇年代、米国の各州や地域コミュニティは、さまざまな未来型のイニシアチブを発揮していた。僕はその多くの人たちと協働する光栄にあずかった。本章を書き始めるにあたり、僕は八〇年代のワシントン州スポケーンでのことを振り返った。スポケーンは今なお僕が住む地域だ。もう四〇年ほど前、コミュニティ開発団体であるNPOのエグゼクティブ・ディレクターだった頃、仲間と共に「コミュニティの未来プログラム[12]」を創った。これは新しい物語が未来を創造するもう一つの事例である。

その活動はパートナー探しから始まった。パートナーシップとして最もありそうにない二つの組織に注目した――地域の公立大学、そして女性市民団体である。相当な準備期間の後、僕たちは「一〇〇人委員会」の開催にこぎつけた。多様な専門家や関係者や、まったく異なる意見を持っている指導者たちの集まりだ。その一〇〇人を一堂に集めて、地域の未来を三日間かけて想像してもらった。彼らはコミュニティ改善に資する一〇の領域をリストアップした。また、時間、エネルギー、社会的資本を投資したいプロジェクトを選別した。それらを大々的に宣伝し、コミュニティの誰もが参加できるようにした。プロジェクトの企画も始めてもらった。すばらしいプロセスだった。

二五年後、このコミュニティのイニシアチブを取った僕たちの何人かが再会し、当時提案されていたもの、そしてその後発展したことを顧みた。驚いたことに、そして喜ばしいことに、「一〇〇人委員会」の三日間にわたるセッションで話されたアイデアのほとんどすべてが現実化していた。戦略やコーディネーター個々人の努力によるものではない。コミュニティの夢や熱望が可視化され、地域の人々が共通の利益のために協働することができたから実現したのだ。

TVで現実を創造する――南アフリカの事例

皆さんは、これまで僕が名前を挙げた諸アプローチには、ある一つの共通性があることに気づいているかもしれない。それは、どれも**可視化されている**ということ――そこにある可能性や方向性が目に見えるかたちで進行されているということだ。広範囲でこの可視化が実践された顕著な事例が、南アフリカだった。南アフリカ・ソウルシティ研究所がテレビ番組「カワンダ・リアリティ[13]」を作った。毎回、視聴者の投票によって参加者が選別されていく「リアリティ番組」の一種で、コミュニティ開発をテーマとしていた。

まず、異なる地域の五つのタウンシップ（非白人居住地）が選ばれた。これらの地域の人々は「資源ベースのコミュニティ開発[14]（ＡＢＣＤ）」というアプローチ（このアプローチは基本的には日本における「地元学」と同じである）のトレーニングと、少しの実行予算を受け取る。彼らに要請されることは、それぞれのタウンシップが最高の住環境となるように知恵と地域資源を用いることである。そうして映像記録が開始される。これは二〇〇九年の南アフリカで最も人気を博したテレビ番組の一つとなった。

僕もその頃そこにいて、よく覚えている。何週間もの間、人々は時間が近づくと何をしていたとしてもいったん中断して、テレビを見る準備をするのだった。放映ごとにすべてのタウンシップが改善されていっていた（最終的に抜きん出た一つが投票により最優秀賞として賞金を授与された）。

最大のポイントと考えられるのは、自分たちが望むコミュニティを建設するために自分たちの持っているものを使う、ということが認識されたことだろう。番組は、南アフリカ国内はもとより近隣諸国を大いに刺激した。彼らは新しい未来の物語《ストーリー》を共有したのだ。

武器を持たない戦士たち

次のすばらしい事例は、ブラジルからの新しい物語の創造である。ELOS研究所*の僕の友人たちが開発した「武器を持たない戦士たち(15)(Warriors Without Weapons)」は、以下を指針とした活動である。

- 豊かさを見ることを学ぶ――他者が不足を見るところに。
- 優しさを養う――怖れと判断を下す前に。
- 夢を大事にする――変化を創る最大の刺激として。
- 共に歩く――自分たちとお互いの共通の夢を大事にしながら。
- 卓越した結果を保証する――自分自身と他者のために。
- 気付き合い、祝い合う――集団の成果における個人の貢献に。
- この旅において進化・深化する――新しい夢の建設を推進しながら。

時に、新しい物語を創造する仕事は、ただたくさんの言葉を紡ぐだけのもののように見えるかもしれない——即時の行動に深い渇望を持つ若者たちには特に。ＥＬＯＳは、コミュニティを創る一ヶ月間の行動プログラムを開発した。世界中から六〇人ほど主に二〇代の若者たちがブラジルに集まり、一ヶ月を過ごす。彼らはブラジルの同地域内で三つのコミュニティに分かれ、協働する。分かれてはいるが、全員が一緒にいると感じられるように工夫されている。それぞれのコミュニティ内に関係性が生まれる。それから一緒に、何がコミュニティに違いをもたらすか、という夢を共有する。彼らはすぐに、その夢を一緒に現実化し始める。関係性から夢へ、夢から行動へ。彼らの手足によって新しい物語が実体化していく。

ブラジルのコミュニティ、そこにあるすばらしく美しい環境の中で、世界中から来た人々が協働する。

もっと多くの事例を提供することもできるが、コミュニティの可視化がどういうものかわかっていただくにはこれで十分だと思う。我々は物語を共に創るいろいろな方法を持っている。どの場合でも、人々が集まって、それぞれのやり方を生きることが、新しい物語となる。用いる技術は異なるが、進む段階は同じだ——少人数の人々が、ある考えについて話を始める。彼らは誰を仲間に招くべきか見定める——常に多様性への注意深さを持って。彼らは人々にエネルギーを注ぎ、信頼を

＊　ＥＬＯＳは一九九〇年代に建築家たちによって設立されたコミュニティに根差す組織。建築家として人々が望むコミュニティづくりに貢献できるという考えの下、力強くしなやかなコミュニティづくりのためにブラジル中の人々と協働している。また各国の若者を対象に、地域コミュニティで効果的に協働する方法を学ぶ場を提供している。

築くためのいろいろな様式の対話をはかる。一緒に夢を見、想像し、夢を紡ぐ。そうして彼らはその想像力を現実のかたちにするべく行動する。

これが、我々が新しい物語を創成する方法だ。そして、それらの新しい物語が、新しいコミュニティを創る。

しかし、問題はどうやって始めるのかだ。よく人々と話すたびに耳にする。

「どこで十分な自信や明瞭さや勇気を見つけたらいいのか？ 前に進み出て、自分なりに貢献するために。もちろん、新しい物語を想像して、皆と一緒に創造したい。でも、どうやって始めるのか？」

この問いに、次の「エンスピリテッド・リーダーシップ(16)（魂を吹き込まれたリーダーシップ）」で応えたい。

前に進み出る――エンスピリテッド・リーダーシップ

今世紀がちょうど始まったとき、僕はスロベニアのボルル城で、二〇～三〇代の若者のグループと共に座っていた。ほとんどは欧州とアフリカから来た人たちだった。彼らは自分の人生について大きな問いを持っていた。どのように世界の役に立てるか、どうしたら有意義な人生を生きられるか、切実に模索していた。彼らが自分のわからないことについて話し合うのを僕は聞いていた。そして、それぞれが次のステップに進むための自信、明瞭さ、勇気を見出していくその後の歳月を、僕は見守り応援することになった。

二年間、僕は彼らの言葉に耳を傾け一緒に話をした。彼らがどのように生きてきたのかを理解しようとした。僕自身が二五歳だったときの記憶と似ているところ、違っているところ、両方が感じられた。当時の僕は、自分にとって最初の非営利団体を設立していた。違いは何だろう……。

その頃の僕はCIIS大学院の博士論文に取り組んでいて、このときの彼らとの話に基づき「エンスピリテッド・リーダーシップ」というフレームワークを構築した。

二〇一〇年からこれを日本で共有してきた。今自分の手がけていることを振り返る役に立つように。また、どのようにして前に進んできたのか手がかりを得られるように。このフレームワークには六つの鍵となる要素がある。

1　自分がすることを見つけよう

我々はいとも簡単に混乱したり圧倒されたりする。僕自身も東北でよくそうなった。いつも全体を把握しようとして。そしてもちろん、できない。できたことは、ボブ・スティルガーである僕がなすべき仕事を発見することだった。大きなことである必要はない。ただ自分を呼ぶものに取り組むのだ。始めよう。今、始めよう。

2　つながっていよう

これは日本の文化圏では簡単だ。ここではお互いが必要だとわかっている。一緒にいることでもっと強くなれる。だが世界の他の場所ではこうはいかない。人はしばしば自分が必要とされていることを確認するために立ち去る！　人は他者とつながっているとき最良の仕事をする。物語や問いを共に生きるから。

3　立ち止まって、動かない

ほとんどの人にとってこれは難関だ。日本で僕が京都を拠点とした理由の一つは、静かにしている修行が必要だったからだ。二〇一一年、年の瀬の近づく京都での記憶はなお鮮明だ。道を見失い、圧倒され、迷っていた。その朝、どこに行くのかわからないまま電車に飛び乗った。伏見稲荷駅で降り、神社のある丘の頂上まで登り、祈り、黙想しながらその一日を費やした。一日が終わる頃には、僕は次のステップを見つけていた。

4　休んで、振り返ろう

立ち止まるだけでなく、何度でも自分の経験を振り返ることが必要だ。我々はすぐ忙しくなってしまう。どんどんそうなる。だが、我々の頭と心は、立ち止まり、経験を整理して、少し学びを感じられるようになるまでは、多くのことを受容できない。こう言う方がいいかもしれない。経験や学びに僕たちを再組織化させよう！　僕が思うには、これは誰かと一緒にするとき最もよくできる。時間をとって一緒に座る。そして経験や問いを共有し、学びを助け合おう。

5　違いを取り込もう

先述の若いリーダーたちとの協働で気づいたことが、もう一つある。それは日本でもあてはまる——何が起きているのかわからないときは、外へ出て、違いを取り込むことが役に立つということだ。別の言い方をすると、多様性が必要なのである。僕たちは、自分と異なる視点や経験を持つ人たちに出会う方法を、見つけていく必要がある。それが全体を見ることを助けるのである。

6　両義性と不確実性を抱えていよう

これは僕にとって真に修行である。僕は人生のほとんどを、確実性が必要だと思って過ごしてきたから。若いリーダーたちに見たものは、彼らは柔軟でこだわらないということだ。間違った明瞭さを主張するのではなく、ただ「そうである」ものと共存できる。今、日本の多くの人々が、両義性と不確実性を抱いて力強く立つという在り方を学んでいる。

僕は、これら六つのポイントをエンスピリテッド・リーダーシップの道しるべだと考えている。前に進むのを助けてくれる。少し迷ったときにはいつでも、僕はこのリストに戻ってくる。何が必要かを思い出させてくれる。これらは答えではない。ただ自分たちが誰であるかを、何をどうしようとしているかを、思い出させてくれるのだ。次のステップに進むための明瞭さと勇気を見出させてくれるのである。

新しい方向を見つける——U理論

エンスピリテッド・リーダーシップの発想に従うと、ペースを落とし、時に立ち止まって、自身の反応の習慣的パターンの外へ踏み出すことが求められる。僕自身、何十年もの間、ゆっくりと忍耐を養う努力をしている。僕はオーガナイザー（企画者）でありアクティビスト（活動家）である。物事を実行することを好む。うっかり急いで事をなそうとすると間違う。そのときはオットー・シャーマーの開発したU理論[17]に立ち返っている。それはペースを落とすことを思い出させてくれる（**図8-8**）。

シャーマーの仕事が僕に示してくれるのは、僕はレベル1で引っかかりやすいということだ。すぐ反応する。できるだけ早く情報をダウンロードして直ちに行動してしまう。そうすると、すべては僕の既存の先入観と認知によってふるいにかけられる——すなわち多くのことがその時点で失われる！　すぐ行動する能力は、命にかかわる危機や緊急時、単純なことや日常のことをさばく上では有益だ。しかし、新たなものを創り出す上ではあまり役に立たない。

U理論は、立ち止まること、動かないこと、そして我々の思考、心、意志を開くことを誘うものだ。それは、自分自身を広く開き、疑いや判断の声を遮断することを、我々に求める。

「**開かれた思考**」とは、特定の問題や状況について、他に何が可能であるかについてオープンになり、敬意をもって吟味することである。安易な解決によらず、また自分がすでに知っていると思っていることに基づく行動に走ることなく、探究に足を踏み入れる。思考を開く方法はいろいろある。フューチャーセッションの対話でアイデアを得る、参加者から知恵や情報を得る。話を聞きたい人たちのリストを作成する。従来のような図書館やインターネットでのリサーチだけではないことは明らかだ。他者がさまざまな方法で取り組んでいる課題への意見を学ぶための旅なども含まれるだろう。

「**開かれた心**」とは、我々の全感覚が感受するところのものを聴くことである――今までしたことがないほど深く聴いてみることだ。見えないものが見える領域に自分自身を向けて、聴くのである。思考を開き収集したものを吟味することに加え、自分自身の内

図 8-8

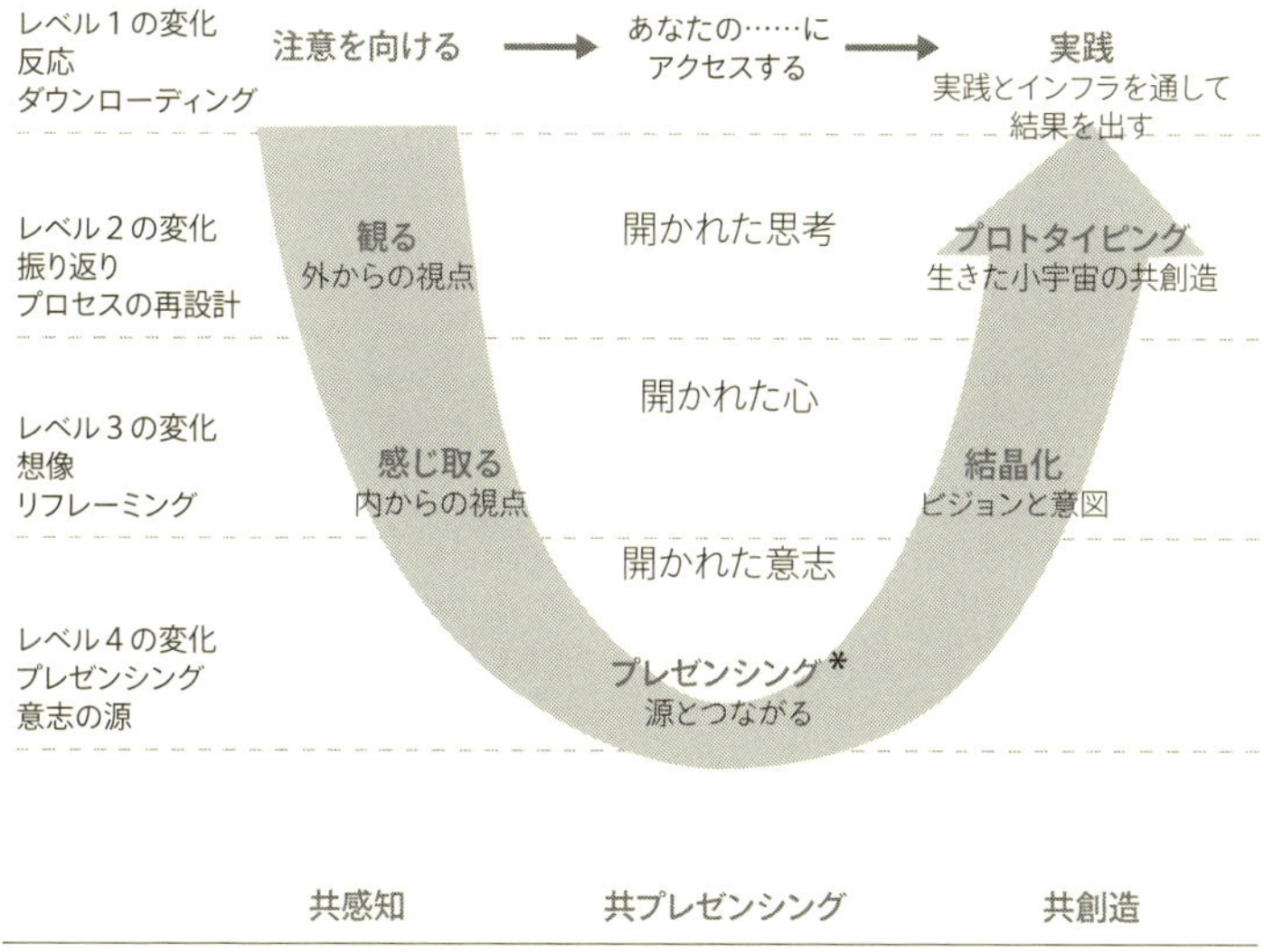

*「今／存在する（present）」と「感じる（sensing）」を組み合わせた造語。

側にある知恵や知識を、できる限り深く、内面に降りて聴くのである。性急な結論の場所ではなく、開かれた場所に自分をしっかりと置く。これを誰かと共にするのもいい。内面にある探究心と好奇心の場から、熱い気持ちをもって、互いに話をする。より深い可能性が姿を見せてくるまで。

「**開かれた意志**」とは、深い静寂に向かうことである。我々の思考と心から洞察を得て、さらに深い静寂に入っていく。時に、外に出て、数時間あるいは何日か自然の中で、静かに一人で過ごすのもよい。それは自身の創造性に触れることを意味する。記録をつけたり俳句を詠んでみたり、デッサンや絵を描いてみてもよい。それは時機尚早の決着に至ることなく、両義性と不確実性の中に座ることでもある。その中に留まって、生まれ出てくるものを見つめる。それを待っていよう。やがて、内面の新しい場所から何かが立ち上がるだろう。

「**プレゼンシング**」。ここが、Uの字の一番底である。手放《レット・ゴー》し、そして迎え入《レット・カム》れる場所である。しかし、迎え入れるとは? それは、完全に開けた場所に立つことである。そこから自発的に立ち上がるものを見るのである。そうしてより深い知性へのアクセスを感受する。それを「魂が知っているところ」と言う人もいる。「集合的知性」と言う人もいる。僕はそれを、それが歓迎されているときにこちらへやって来てくれる、あらゆる名前を超越した知恵と洞察が存在する領域として、理解している。それは僕にとって神の領域だ。我々の合理精神の境界を越えた、洞察、知恵、支援が立ち上がるところだ。

手放《レット・ゴー》し、迎え入《レット・カム》れる場所で、前に進むための可能性が見えてくる。まだ急いで行動するときではない。新しい形を世界にもたらすには、時間をかけ、大切に取り組まなければならない。シャーマーはこれを三つのステップで説明する。

「**結晶化**」とは、最初に降りてきた洞察に、輪郭を与え、形に仕上げる取り組みである。この洞察はいわば生の材料だ。それを手に取り、異なる角度から眺めてみる。それについて意見を交わす。この洞察によって何ができるか、どんな領域が開かれ得るか。開かれた思考に留まり、自分と他者とで探究する。そうしてその洞察をさらによく知る。

「**プロトタイピング**」。我々の思考の中で結晶化が始まると、それは物質の中で形を与えられ始める。どんな形を与えることができるか？　どのような形が本当の姿なのか？　さまざまな手法を試せる――粘土、デッサン、モール、レゴなど。形のないものについて取り組むときには――たとえば新しい地域通貨システムや、あるいは新しいコワーキング・オフィスの計画のように視覚的なものでも――物理的な道具を用いて具体化するとよい。それによって可能性が可視化されてくる。部屋の中だけで作っていた初期のプロトタイプは、実際に我々が創るものに代わって、現実世界からの学習を得る。新しい水耕栽培法でトマトの大規模栽培をめざす前に、小さな規模から始めよう。最初の五〇〇個を育て、その過程からの学びを得よう。

「**実践**」。プロトタイピングと実験を通して十分な学習を経ると、次のステップに進む用意ができている。学びを通して自信もついた。我々が必要な支援――予算、労働、さまざまな投資――を募るために、どう物語ればよいのかを見極める。そして着手。そしてもちろん、着手にあたっても、学習は続いていく。

U理論の全容ははるかに複雑なものである。関心のある人にはさらに探究することをおすすめする。早急な答えを脇に置き、他に可能なことを検討する時間を少しでも取ることを推奨したい。

僕が主宰した多くのワークショップは、実際、U理論の順路に沿ってきた。一緒に集まる。停止する。手放し《レット・ゴー》、そして迎え入れる《レット・カム》時を迎える。そして新しい可能性を見て、それらを現実にするため共に行動した。

新しい方向を見つける――カネヴィン・フレームワーク

時に、必要以上に物事が難しく思えることがある。なぜそれほど時間がかかるのか？　この三年間、東北で奉仕してきた僕たちの仲間も時に元気をなくすことがあった。すべてのことが三歩進むたびに二歩下がるように思われた。もっと楽な道はないのだろうか？　誰かが教えてくれたなら！

僕は最近、「カネヴィン・フレームワーク」[18]に、こうしたことについて納得がいくものを見つけた。それは、今の現実を理解し、前に進むのを助けてくれている。

カネヴィン・フレームワークによると、この世界で我々は仕事をするときに異なる状況に出会う（**図8－9**）。

●**明瞭系**……何をすればいいかわかる。ただ前に進み実行するのみ。
●**複雑系**……少し時間はかかるが、全体像はつかめるので、実行できる。
●**錯綜系**……戸惑うところから始まる。どう進めていいかわからない。
●**混沌系**……ただ圧倒されてしまう。不確実で不安である。
●**空白**……真中は「混乱」を意味する。何でも起こり得る。

これら四象限と五つ目の領域は、大きさが異なっている。僕自身の実感では、**図8–10**のような

図 8-9

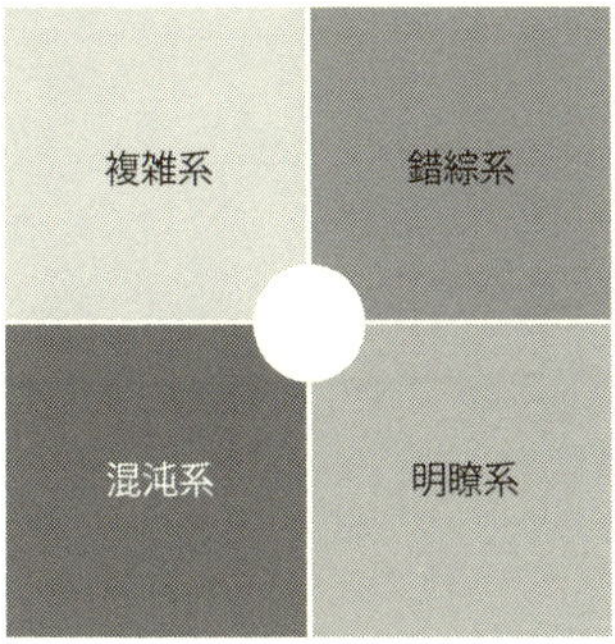

図 8-10

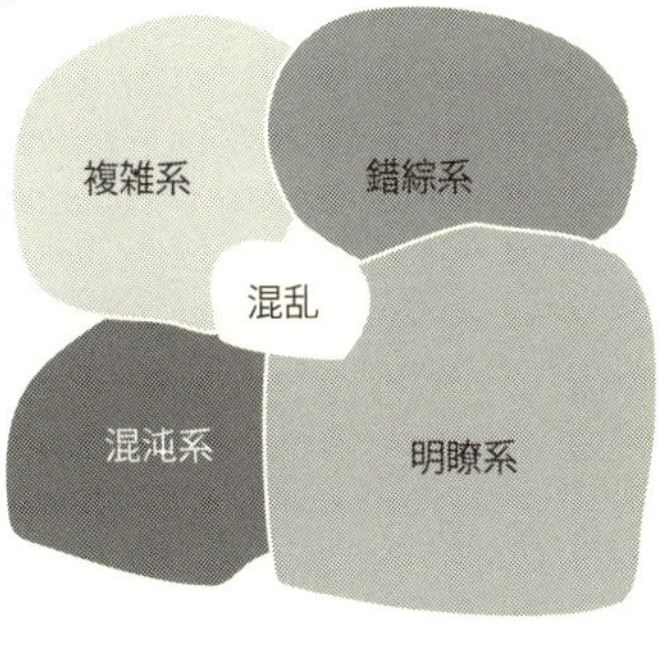

感じである。

曖昧さのない「明瞭」な領域が大きい。それは進めよう。「複雑」なことは多少ある。少し時間がかかるところだ。「錯綜」した状況が少しだけある。そうして「混沌」もある。そして真ん中に「混乱」も。

だが、少し立ち止まって僕たちの世界を——特に東北から——見てみると、**図8−11**のように見えるのだ。

二〇一一年の三月と四月では、僕たちが手がけたことの多くは「明瞭」なものだった。決してどんな意味でも楽だったとは言わない。胸のつぶれるような辛さがあった。しかし、シンプルだった。行方不明者を見つける。避難所に保護する。人々に食料を確保する。だが、それから瓦礫が片づいていくにつれ、ある意味ではもっと混乱していったのだ！（**図8−12**）

中央の空白部分が常に、始まる場所である。僕は混乱を好まない。かつてある人が僕に言った。人はたいてい、不確実や混乱にあるより、間違っていても確実であることの方が心地よいものだ、と。**しかし我々は、我々自身の混乱**

図8-11
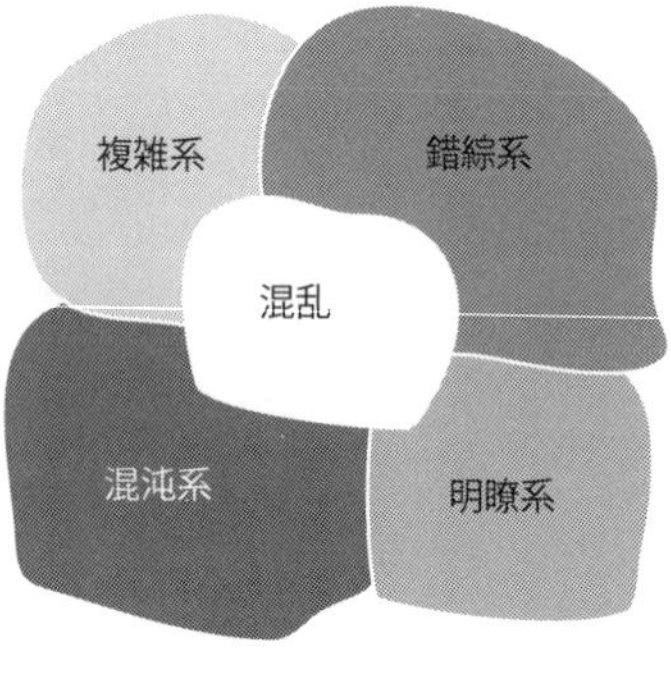

と共に在ることから始めねばならない。

二〇一一年の春、夏、秋を振り返る。僕はほとんどの時間を、皆と混乱の中で過ごしていた。そこに留まることが非常に大切だった！　特に、僕は思うのだが、アメリカ人の僕は自分の経験と技術のレンズを通して現場を眺め、すぐ行動したいと思いがちだ。混乱は無視したいのだ。しかし三・一一がもたらしたのは、圧倒的な混乱状態だった。たとえ留まるべきだとしても、僕は他者とつながり前に進む道を見つけようともがいた。僕がU理論に感謝するのはこのようなときだ。なぜなら、それはシステムにおいて真に出現していることへと僕自身を開く道だからである。次のプレゼンシング・ワークを行う——対話に関して僕が重要性を強調したいすべてがここにある。一緒に座る。互いを感受する。そしてどのようにこれからの仕事に取り組むのかを理解する上で、四つの象限のどれが役立つのかを見出していく。

人は普通、「明瞭」な状況（**図8-13**）ではどうすればいいかがわかる。深呼吸をして、周囲を見渡し、勇気をかき

図 8-12

図 8-13

集め、その問題の解決策を考えて、対処する。この領域が「最良の策」であることは納得がいく。誰もが経験済みだろう。我々は過去の経験から直接学び応用することができる。時に辛いこともあるが、前に進むやり方はまず明白であり、出くわすかもしれない障壁は前もって認識できる。進もう！

「複雑」系（図8−14）は、もう少し複雑だ。緊急事態と救援活動の後の仕事はもっと複雑だった。列車の復旧。瓦礫撤去。商店や商売の再建。立ち止まり、考える必要がある。その状況下で何ができるのか、感受することから始める必要がある。そして、分析を始める。外部の専門家の支援を頼む必要もあった。ここでは、システム思考、シナリオ・プランニング、さまざまな分類や分析の手法が役に立つ。初めはどうしていいか、わからないかもしれない。しかし、ここは理解可能な領域だ。見極めることができる。また通常、進め方にはただ一つの最良の策というものはないが、いったん状況が分析できれば、システム内に存在するスキルによって行える策があるものだ。それでやってみ

図 8-14

よう！
さて、もっと難しくなってくる。ちょっと気力が萎えそうだ。「錯綜」系（**図8－15**）になってくると予想ができない。実際、今日の沿岸地域と福島における仕事の多くがこの領域に入る。新しい未来を創造しなければならない状況だ。

日本でも世界各国でも、我々の心の中に、いつも同じような疑問が浮かぶ――どうしてこれをただ終わらせることができないのか？　なぜ、ほとんど塩漬けになっているのか？　そんなふうに感じることがある。それは、この領域にあるものはすべて予測できないものだからだ。因果を超えるところにあるのだ。我々は、AをしたらBが起こる、という世界に住んでいると考えたい。予想可能なことが好きなのだ。しかし、そのような予想可能性は「錯綜」系では存在しない。

何が起こるかわからない。触手を伸ばして探査しなくてはならない。そっとシステムに触れてみて、少し試して、何が起こるか見るのだ。数多くのいろいろな実験を始めて

図8-15

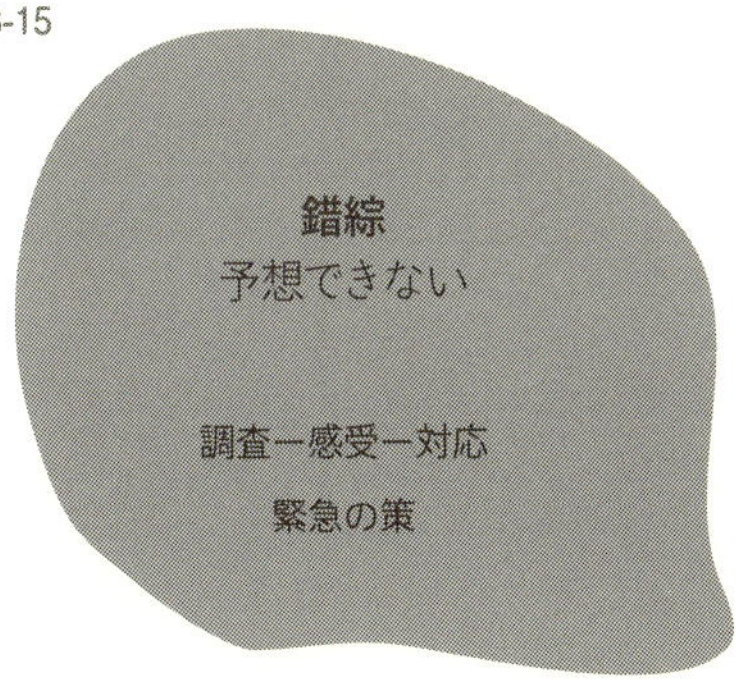

みて、結果を見る。本書を少し遡るが、これはイノベーションの初期に当たる（**図8−16**）。

人々は新しいことを試し、成果を見つけていく。試すことのほとんどはうまくいかないことを頭に入れておこう。それでも試みを続ける。何かが必要なことはわかっている。公式にあるいは非公式に互いにつながって、互いに学び合おう。行動する。止まる。吟味する。振り返る。学ぶ。そして再び行動する。その中で、何か新しい実践が築かれていく――緊急手当だ――それは我々が動くのを手助けしてくれる。そうしていつか、新しいシステムや手順が積み上がっていく。

U理論のような内省的アプローチがこの領域では役に立つ。そうしたものは、初期の混乱を切り開く助けとなる。ここで、この「錯綜」系の領域でなした仕事を評価する方法を学ぶことが不可欠だ。役に立つ道具《ツール》はほとんどないのだが――変容型シナリオ・プランニングは、行ったことをより

図 8-16

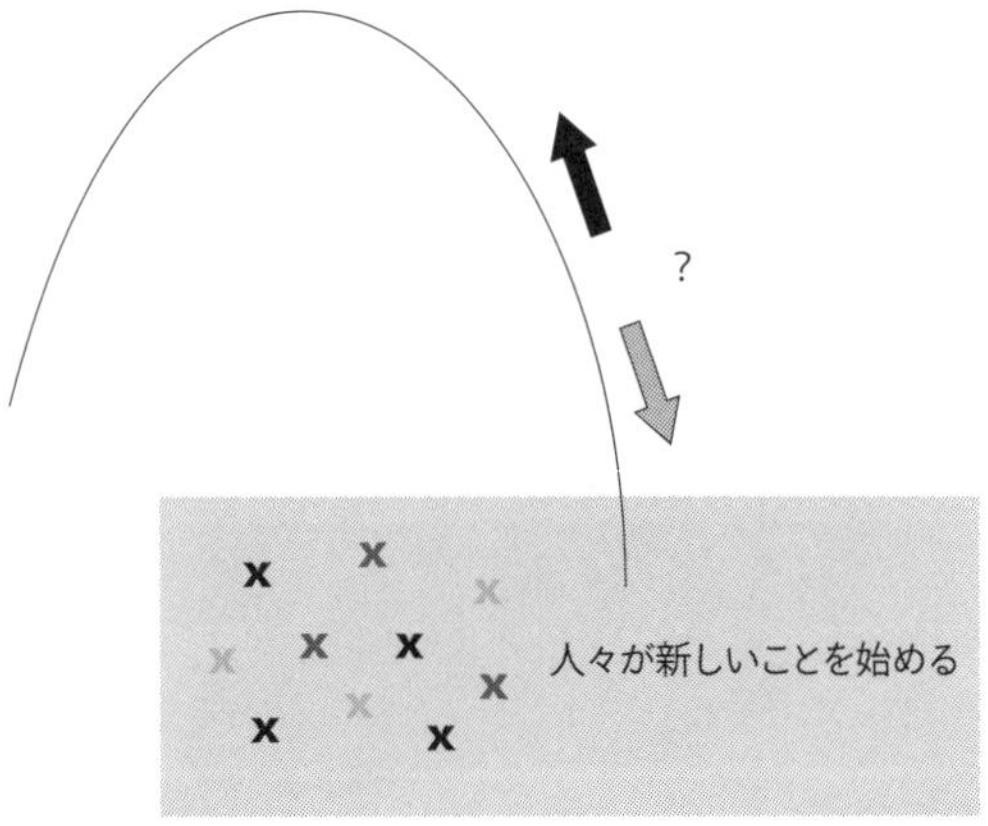

大きな文脈の中に位置づける助けとなるだろう。自分たちが築いている新しい物語についてもっと多くを見出すことができるはずだ。またここでもプロトタイピングの作業は必須である。

いずれにしても、ここは急速な対応が可能な領域ではない。物事は遅々としている。何をするにも時間がかかる。できる限りのことを学ぼうとしているからだ。我々は緊急事態と忍耐を同時に抱えることを学ばなければならない。そしてそれは難しい。たとえば、迅速に放射能問題を制御できていないということで、世界の人々は日本政府や東電を批判する。多くの不満はもっともなものではある——それでもなお、状況は非常に「錯綜」していることを、我々は思い出さなければならない。これが「錯綜」状況である。

最後に「混沌」系（**図8-17**）にたどり着く。震災直後からカオスがあった。福島の放射能問題に関して言えば、なお多くのことがカオスである。「混沌」で、我々はどのように行動するのか？　行動せよ。状況は予測で

図8-17

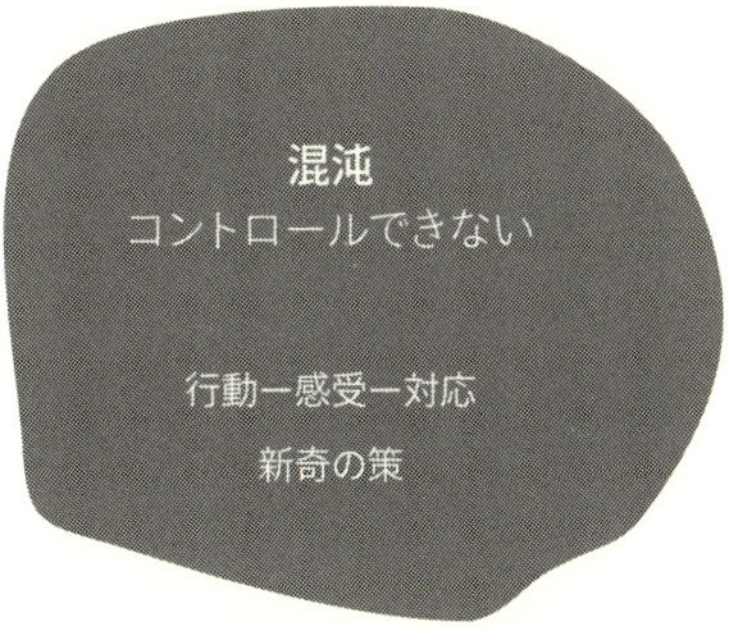

きずコントロール不可能だ。行動を起こす。が、自分自身もわかっていない。何かをして、起きることを吟味する。よいことも悪いことも起こる。よい結果につながるものを増やし、そうでないものを減らす。行動・感受・対応。そのとき我々は、今の現実に対し、新たな対応策を開発し始めている。

以上がカネヴィン・フレームワークの概略だ。僕にとってこれは、まず立ち止まり、混乱の中にとどまり、直面している課題や状況がこれらの領域のどれに属しているのか人と話し合う上で非常に役立つ。そしてどこから始めるかを知る助けとなる。

もう一つ、このフレームワークについて触れたい他の側面がある。それは、物事にうまく対応するにはどのようなことが重要か、ということである。驚くことではないが、それは四つの象限それ

図 8-18

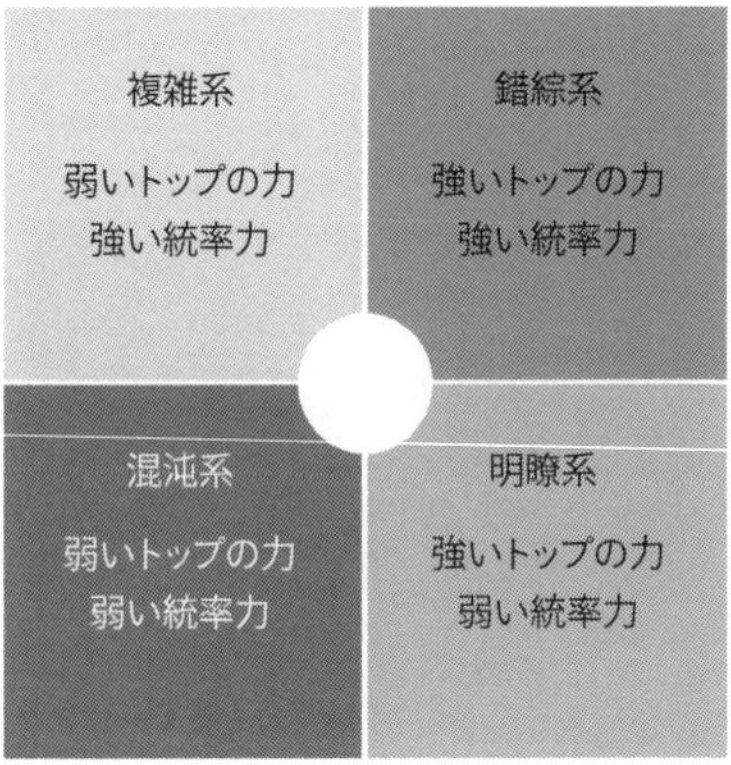

それによって異なる（**図8―18**）。

●「明瞭」で予測可能なことに対応するときは、誰か責任者がトップにいる形がうまくいく――トップダウン式だ。

●「複雑」で判然としないことに対応するときは、権限の集中化もしくは分散化が、それぞれうまくいく場合がある――状況による。

●「錯綜」状況では、起こりうる最も悪いことの一つは、誰かが仕切ろうとして皆に指示することである。うまくいかない。小規模で、明敏なチームによる、深い集合的学習と行動が必要とされている。

●「混沌」では、ただすべてが滅茶苦茶である。率直に言って、何もうまくいかない。状況に応じた行動を取るために、他の三領域からできるだけ早く学ぶことである。

カネヴィン・フレームワークは、よく知っているはずのことを思い出させてくれる――あらゆる状況は同じではない、ということだ。それは始める糸口を見つける手助けをしてくれる。僕は仕事ではコミュニティの中で多くの時間を過ごしているが、このフレームワークは、コミュニティの変化に関わる仕事はほとんどいつも、明瞭系と錯綜系との組み合わせであることを思い出させてくれている。ここから僕にとって鍵となる問いが生まれる。**どこもかしこも混乱しているなかで、コミュニティと協働する我々を導いてくれるものは何か？　一極集中せず分散的な、明らかに複雑で、**

時に混沌としている人々やパターンや可能性を統合するような、新たな価値・原則・信念とは何だろう？

価値、原則そして信念

僕がベルカナ研究所の共同代表であった頃に、この問いへの答えの一部がその形をとり始めた。同研究所は、健全でしなやかなコミュニティを創っているあらゆる人々、場所、組織の特徴を知るため、さまざまなネットワークや関係を駆使して研究をしていた。彼らと協働して、僕たちが「ライフ・アファーマティブ・リーダーシップ（人生に肯定的なリーダーシップ）」と呼ぶものの核となる価値、原則、実践を見出し明確化しようとしていた。特に南半球の人々に魅かれていた――しばしばその富よりも貧しさの文脈で語られる地域だ。僕たちは、持っている資源によってコミュニティを築こうと学ぶ、これらの地域の人々に出会いたかった。そして出会っていった。パキスタン、インド、ジンバブエ、南アフリカ、セネガル、メキシコ、ブラジル等々――ギリシャ、カナダ、そして米国の人々もいた。その仕事を通し、コミュニティの創り方に関する新しい理解を発展させることができた。

僕が米国で二五年間、地域開発を手がけるＮＰＯで過ごしたことを書いた。そのほとんどの仕事は外部資金に頼っていた。政府や企業の財団である。ＮＰＯはかなりの成果を挙げていたが、持続的ではなかった。レジリエンスがなかった。そして、僕たちの仕事が人々の生活の向上を支援した一方で、関わったコミュニティはどんどん力を失っていった。それで僕は、他の方法を求めてベルカナ研究所に加わった。そして持続的な力を地球の南で見つけ始めた。

それからの一〇年、ベルカナ研究所の仕事により形づくられた視点がある。レジリエントなコミュニティの質感、香り、そして色彩といったものがある。数年にわたり僕たちは互いに学ぶために集まり、地域を越えた学習コミュニティ「ベルカナ・エクスチェンジ」のメンバーとして、「アライブ・イン・コミュニティ」の活動をした。これは、主要なスタッフであるエリン・ダンフォードと僕自身の共著書(19)のタイトルでもある。会合を通じ、共鳴する価値・原則・信念を僕たちはまとめた。以下にそれを記す。二〇一一年、これと共に僕は東北にやってきたのだ。

1 あらゆるコミュニティはリーダーにあふれている
2 問題が何であれ、コミュニティ自身が答えをもっている
3 自助と相互依存が共に機能する
4 人は自分がほしい世界を生きる必要がある、今からすぐに
5 誰も待たなくてよい。我々は多くの資源を持っていて、今すぐ物事を動かしていける
6 最もペースの遅い人に合わせて歩く。ささやき声でさえも聞き分けながら
7 明確な方向感覚、それからエレガントで最小限の次のステップ
8 一度に一つずつ進める。歩むことで道を創りながら
9 好奇心と、敬意と、寛容さをもって、お互いに出会う

10　ローカルな仕事は世界の同様の仕事とつながることで進化し、社会的変容を生み出す

これらはコミュニティづくりにおける原則である。これまでの研究で僕たちが観察し得たものだが、唯一の正解ではない。ダイナミックに進化していくものだ。それぞれの実践やコミュニティづくりを通して、より磨かれていくだろう。これらは、真実を語り合い耳を傾け合う関係性の中で、道を見出し前に進むことを信じるコミュニティや人々の持つある傾向を表している。換言すると、これらの原則は対話の基本を示している。それぞれ少しひもといてみよう。

1　あらゆるコミュニティはリーダーにあふれている

革命的な考えではないだろうか。ほんの少しの特別な人たちがいて、リーダーである彼らが、権力、権威、尊敬に値するリーダーシップを持つというのが、通常の考え方かもしれない。もし、「リーダーとは支援することを願う人である」としたらどうだろう？　一人ひとりが自分に与えられたもの《ギフト》を提供し前に進む勇気を持てるようにコミュニティを運営するには、どうするのが良いだろう？

危機下では、人は本能的にこの原則に基づき動くものである。エゴ、個人的感情、怖れなどはとりあえず脇に置き、前に進むためなされるべきことをするだろう。我々は、次々となされることを先導し、あるいは状況に応じて従う、連携を発揮するだろう。震災直後の東北はまさにそうであったし、今なおそれがある。道しるべの物語《ストーリー》はこのようなリーダーシップにあふれている。時が来れ

ば、それぞれ環境に合わせて前に進むことができる、また、そうしなければならない。

2 問題が何であれ、コミュニティ自身が答えをもっている

二一世紀の初頭、ジンバブエの友人マアイアンヌ・クヌースが、ある田舎を訪問したときのこと。ジンバブエは深刻な経済破綻に喘いでいた。到着するや、田園がまったくないことに彼女は気づく。そして聞いた。「どうして食料を育てないの？」人々は言葉を濁し、きまり悪そうに地面を眺めた。マアイアンヌは繰り返した。「どうして食料を育てないの？」ついに誰かが口を開いた。「世界銀行から、この春、種と肥料を受け取っていない」。マアイアンヌは聞いた。「もらえると思いますか？」すると人々はためらいがちに答えた。「いいえ……」。次の質問はとても明瞭だった。「世界銀行が種と肥料をくれる以前は、どのようにしていたの？」人々は「知らない」と言った。マアイアンヌは言った。「お年寄りたちに聞きに行きましょう」

人々は尋ねに行った。そして彼らは、以前、村でどのように作物を育てていたかを学習し始めた。それは今日パーマカルチャー*と呼ばれるものに、劇的に似ているものだった。これは一つの例に過ぎない。どのコミュニティにも、その問題について知っている人、もしくは利用できる機会があるものだ。それを頼ればよいのだ！

＊ 自然界のエコシステムを手本に社会や暮らしを変容させるというデザイン概念。一九七〇年代にデビッド・ホルムグレンとビル・モリソンが唱えた。当初は permanent と agriculture の組み合わせで「永続する農業」を意味したが、現在は「永続的な文化」という意味に解釈が広がっている。

コミュニティ自身が知っていることを発掘すれば、行動の土台は築かれる。さらに、コミュニティが自身の境界を超える知識を要するときは、外部に求めよう。支援を求める必要があるということだ。その境界もまたコミュニティが知っている。

3 自助と相互依存が共に機能する

別の言葉で言うと、我々は自分たちが望むコミュニティづくりを始めるのに必要なものは、持っている。ただ、多様な視点、スキル、力を持つ多彩な人々がいればいい。よそのコミュニティとの相互関係の網に、意識的に関わるほどにコミュニティはより強くなる。その相互依存の布を織りながら、我々は自分自身の中心に立ち、他者と手をつなぐことでより視野を広げて立つことができる。そこに真実の個人がおり、またコミュニティの真実も存在する。

これを二種類のコミュニティ経済のモデルで考えることができる。一つは「内部経済」である。そこではモノとサービスが交換できる。日本のトランジション・タウンは、モノとサービスを地域内交換できる形で始まることが多い。「あなたの髪を切ります、あなたが家の配管工事をしてくれるなら」という具合だ。もう一つは、「外部経済」である。コミュニティで生産されたものが他地域で売られたり交換されたりして、外部の資源がコミュニティにもたらされる。一つのコミュニティで魚が加工される。他地域では酒が醸造される。一緒に味わうと美味しい。力強くしなやかなコミュニティは、そのどちらにも関心を向けている。自立している経済と、相互依存の在り方と。

4　人は自分がほしい世界を生きる必要がある、今からすぐに

もし今でないなら、いつ？　ここでないなら、どこ？　自分の内側で大きくなっている「あり得る人生」が誕生するまで、どのくらい待つのか？　ベルカナ・エクスチェンジの仲間たちは、言っていた。「今、しよう！」　まさに東北で人々から聞く言葉だ。震災から三年間、東北でたくさんの人々が幸福について話しているのを僕は耳にしてきた。彼らは言う。「震災によって、何が自分の人生で本当に大切なのか考えさせられた」と。待つ理由はない。夢があるのに、こんなふうに言う人もいる。「もっとお金が必要です」「何かするには子どもが大きくなってからでないと」。そして、本当は気に入っていない人生に再び潜り込んでいく。今、しよう。最初の一歩を見つけて。

5　誰も待たなくてよい。我々は多くの資源を持っていて、今すぐ物事を動かしていける

これはきわめて大切である。我々は我々がほしい生活を築くために必要な資源を持っている。この原則を考えるとき、いつも南相馬の高橋美加子さんのことを思い出す。彼女は僕に言っていた。「もう待ったりしません！」震災は、至るところで多くの人々の背中を強く押した。政府や他の権力がやって来て、すべてをどうにかしてくれるわけではない、と気づかせた。自分たちでしなければならない。しかも、手持ちの資源で。見渡して、始められるところを見つける。たとえば気仙沼市のＧＡＮＢＡＲＥ株式会社の、帆布から創ったバッグのように。あるいは、大槌町のプリザーブドフラワーのビジネスのように。インドのヴィシャールは、ゴミだった車の古いタイヤから美しいハンドバッグを作った。ジンバブエでは人々が世界銀行に頼らずに穀物を栽培する方法を発見した。

我々は互いに向き合う。周りを見回す。南アフリカのタウンシップの人々が、まちづくりの現実をテレビ番組化するプロジェクトに参加したときのように。

6 最もペースの遅い人に合わせて歩く。ささやき声でさえも聞き分けながら

我々は一緒に旅をしている。アフリカのことわざがある。「早く行きたいなら一人で行け。遠くに行きたいなら一緒に行け」。我々が新しい未来を一緒に創りたいなら、時間はかかる。率直に言って、この原則は時に僕を悩ませる。僕は活動家である。僕は物事をすぐに片づけたい。しかしそれは、オットー・シャーマーのU理論の「U」の一番上をズルズルと上滑りしていることになる。早く行くためにゆっくり行く方法を学ばなければならない。違う可能性を見ている人の、静かな声に耳を傾けることを学ばなければならない。強引さや、時に、自分は人が何をすべきか知っている、といったうぬぼれを抑制することを学ばなければならない。

7 明確な方向感覚、それからエレガントで最小限の次のステップ

物事がカネヴィン・フレームワークの四象限にぴったりあてはまるときは、基本計画はうまくいく。しかし、現在の我々の生活状況はなかなかそうはならない。どのように進めようか？　一緒に座り、互いの話に耳を傾けるとき、未来が現れる。未来からの静かな声が我々を呼ぶ。マアイアンヌがジンバブエで活動を始めたとき、彼女はその後の一〇年がどのようになるのか予想もしていなかった。ただ行きたい方向だけがわかっていた。そして最初の一歩をどこに置くか見つけた。良き

友人である野村恭彦さんが日本でフューチャーセッションを始めたときも同じだった。彼は明確な方向感覚を持っていた。そして最初の小さなステップを見つけた。美しくエレガントな一歩は強い。ただ始めるだけだ。

8　一度に一つずつ進める。歩むことで道を創りながら

一歩、また一歩。道の途上で何度も立ち止まる。自分自身の心の声に耳を傾け、そして他者の声に耳を傾ける。その過程では、自分が求めるところになかなかたどり着かないように思えるかもしれない。時にはうまくいかない。また時には大成功して驚くこともある。それほど劇的なことは起こらないのがほとんどだが。どの場合においても、立ち止まり、学ぼう。ブラジルのクルベロという村を訪れたときを思い出す。二五年前だ。若く正義感にあふれる一人の教育者がラジオに広告を出していた。「子どもたちが学ぶもっと良い方法があるべきだ。もしあなたもそう思うなら、木曜日の午後、マンゴーの樹の下に来て話をしよう」。素敵だ。良い話し合いのためのこれ以上の設定を想像することは難しい。彼はNPOを設立し、「勤勉さの出現」と僕が呼ぶ取り組みを以後二五年間行っている。彼らは方向性を持っていた。そして始めてみて、実験し、学び、次のステップを見出し、またその次を見つけて進んできたのだ。

9　好奇心と、敬意と、寛容さをもって、互いに出会う

実は、「ベルカナ・エクスチェンジ」ではこれら三つの言葉は使っていなかった。日本での仕事

を通して見えてきたのである。二〇一〇年に日本でアート・オブ・ホスティングの仕事を始めたとき、とてつもない「場」に入ったことに、僕はすぐ気づいた。僕の日本の友人たちは言う——僕は日本のものを理想化する傾向があると。実際より美化しているというのだ。そうなのかもしれない。でも僕はこう思う。僕たちは、自分の存在の全体性において互いに出会う。互いへの好奇心と敬意に満たされた、深く開いた心で、「場」にいることができる。与えるほどに自由が与えられるということを思い出す。その寛容の精神をもって、前に進むことができる。生成的で感謝に満ちた未来はこうして創られるのだ。

10 ローカルな仕事は世界の同様の仕事とつながることで進化し、社会的変容を生み出す

この最後の原則は集大成である。しばしば人は、変革に関するさまざまな理論やアイデアそのものに夢中になる。僕もそうだ。だが、理論やアイデアは、その地に根差し、そこの人々によって所有されるまで、ほとんど意味を持たない。その地に根差すまで変化は起こらないのだ。そしてまた、それだけでも不十分である。システムの変容が必要だ。我々はあらゆるものが変化していく時代にいる。もしくは、そう僕は願う。そのような変化は、類似する仕事がより広範なシステムのレベルでつながっていくときに起こる。これは今、東北で最も求められていることの一つだろう。多くの人々がそれぞれのコミュニティで重要な仕事に携わっているが、それらはより広範なシステムのレベルで関係者が互いに学び合い、つながっていくことで初めて、必要なシステム変容に至ることができる。これは時の流れの中で自然に起きることではある。先に紹介したローカルフード・ムーブ

メントが良い事例だ。システムのつながりを育て、より速やかに変容を起こすために、我々は何ができるだろうか。

これらの一〇の原則は、互いの関係、自身との関係をこれまでと異なったものに書き換えていくはずだ。これらが変容への入り口《ゲートウェイ》となる。そこをくぐり抜けるには何が求められるだろう？　もちろん、いろいろある。自分の内なる声を聴くことを学ぶ必要がある。変化を創るには、自分は利口ではないとか、重要ではないとか、十分ではないといった怖れを脇に置こう。多くの人が不必要に自分を萎縮させている。今の瞬間に生きる力をつけよう。多くの人は一人では変化を起こせない。それとも一人で変化を起こしたいだろうか？　我々には互いが必要だ。人間は社会的動物だ。コミュニティの中で生きているのである。

だから、僕は対話を重んじる。対話は、人としての存在の中心に成り立つものだ。人々は、進化の始まりから、火を囲んで座り、対話してきた。信頼すること、耳を傾けること、真実を語ること。それを実践してきた。学んできた。そのやり方を知らないわけではない。しかし、思い出す必要はある。

東北や日本全国における僕の仕事は、そのための「場」を提供するものだったのだ。人々は新しい未来をそこで共に創り出す。次章では、この仕事について僕が学んできたことを話したい。

9

コミュニティを蘇らせる

――フューチャーセッションの仕事

Calling Communities Back to Life

ここ何年かの間に、僕はファシリテーターとして知られるようになった。対話のホスト、そしてフューチャーセッションのデザイナーとして。これらのスキルは「プロセス・スキル*」と呼ばれている。あるとき米国のレジリエントなコミュニティとグループワークをしていて、予期せずこの道が開かれたのだった。僕たちは部屋にいた。中央に地図が置かれていた。その四方に僕たちは分かれて立っていた。北は各分野の専門家の人々――地域通貨、地元食材、エネルギーシステム、子どもについての専門家など。南は各所属地域の人々――特定のコミュニティや地域で働く人々だ。西はコミュニティ構築のプロセスの仕事に関わる人々。東は変容に焦点を置く人々だった。ファシリテーターは僕を呼び、西に立つよう指示した。数秒間、僕はそこに立った。それから東へと移動した。

ためらいはなかった。僕の仕事は変容に関わるものだ。どうすれば我々が行き止まりの場所から喜びと幸福の場所へと移行できるか、ということに関するものだ。僕自身、僕の身近な人たちとの、そして地球との、より良い関係性を望んでいた。この地球上で僕たちが営む持続不可能な在り方からの変容を望んでいた。

社会的プロセスに関わる僕の仕事は、部分的には変容に関する仕事である。この仕事においては、グループの構成員間の相互作用を促進し、部屋の中で起きていること、すなわち「プロセス」を考える。しかし、僕が本当に関心を払っているものは、その手順、段階、パターンなど変容へと至るシステムである。我々は、部屋の中の対話だけではなく、システム全体を心に留める必要がある。

二〇一〇年に日本のフューチャーセッションを紹介されたとき、僕はとても高揚した。その主な理由は、システム全体を俯瞰することが容易になったからだ。この年、僕は日本にアート・オブ・ホスティングを紹介していて、その仕事やアプローチそのものは非常に気に入っている。それでも、もっとコラボレーションを意識した明確な方向性をなんとか組み入れたい、と常々感じていた。それをフューチャーセッションに見出したわけである。以来、アート・オブ・ホスティングとフューチャーセッション、そしてフューチャーセンター（フューチャーセッションの仕事に専心する物理的施設）に、僕は携わっている。仲間内ではこの仕事を、いつでもどこでも新しい未来を創造するためのコラボレーションを誕生させる集まり、と言っている。

日本におけるフューチャーセンターについて、簡単な背景を紹介したい。二〇〇八年に富士ゼロックス内のプロジェクト、KDIが欧州のフューチャーセンターを調査し始めた。欧州のフューチャーセンターは、二〇世紀の終わりにかけて発展し、大体が半官半民のパートナーシップである物理的スペースだった。KDIは、日本の企業環境に一〇年以上にわたりナレッジマネジメントサービスを提供していて、フューチャーセンターのムーブメントに企業変革の場としての可能性

＊ プロセス・スキルとは一般に課題解決のための思考の技術であり、科学的な思考に基づく探究の過程におけるスキルを指すが、ファシリテーションの世界では、一人ひとりの立場や性格パターンに合わせてコミュニケーションをとる能力を意味する。

を見たのである。二〇〇九年にKDIは日本企業からの視察団を率いて欧州のフューチャーセンターを訪問した。二〇一〇年の秋、日本は毎年行われるインターナショナル・フューチャーセンター・サミットの主催者となった。そして三・一一によってそのニーズと可能性が加速度的に高まり、日本におけるフューチャーセンターのムーブメントは進行していった。野村恭彦さんが株式会社フューチャーセッションズを設立してこの流れを牽引している。

本章では、コミュニティを蘇らせるためのシステム、構造、プロセスについて、僕たちが学んでいることを紹介したい。しばしばこのフューチャーセッションまたはフューチャーセンターの仕事を参照することになる。この仕事は実はさまざまな名前で知られている。僕の関心はコミュニティの変革にあり、特定の呼称にあるわけではいないが、便宜上、本書ではただフューチャーセッションと呼ぶ。

僕の説明を読むと、皆さんはこの仕事が順序よく整理されたプロセスだと思うかもしれない。この仕事に関わる人なら皆、それは真実ではないと知っている。コミュニティを蘇らせるための仕事は混沌として、乱雑であり、エキサイティングだがフラストレーションもある！　しかし、おおまかなプロセスやステップ、道具《ツール》について、指摘しておけることはある。ただし、これは「ハウツー」マニュアルにはならない。そう企図しても無理だろう。だが、注意点や検討すべき点、そして僕がこの仕事を理解する上で役立ったことをお伝えしたい。

一人ひとりから始まる

我々はほしい未来を共に創っていく。互いの話に耳を傾ける普通の人間として。心を打ち明け合い、互いを信頼し、新しい実験をしてみる。他者と出会って、仲間を見つけていく。

我々は互いと共に在る自己の中心において、好奇心、敬意、そして寛容さを保持している。この三つがとても重要だ。これらが、予期せぬ世界へ我々を開き、我々が真に何者なのかを思い出させてくれる。

人間は、元来、好奇心あふれるものだ。我々が知っていることはわずかであり、だから、さらに何かを見出していく必要がある。そのことを我々はわかっている。他者の経験、視点、考えが必要だと我々は知っている。しかしまた、我々は怖れもする。我々はなんでも分かっているはずで質問は弱点を見せることだとも考える。それは真実ではない。我々の問い、すなわち我々が知らない事柄は、新しい何かを創造する可能性を開く。

敬意を胸に、部屋に入る。それは良い場の醸成に役立つ。選択は常に我々自身にある。疑い、怖れ、判断。これらの気分は場の空気を重いものにする。誰も自分の考えになど興味を持たないだろうとか、自分の考えが最も重要だ、などと思いながら部屋に入ることは簡単だが、こうした態度は場を損なってしまう。互いが必要だと理解し、来る人への歓迎、敬意をもって臨むなら、そのとき、場に魔法《マジック》が生まれるだろう。

こちらが寛容な心でいると、他者もすぐに寛容な心を誘われる（皆さんも経験的に知っていると思う）。ここで意味するのはあらゆる次元の寛容さ——精神、考え、知識、問い、そして自身の手に届く限りの多彩な資源だ。寛容な心に満ちた「場」は可能性に満ちており、我々はどこから始めたらいいかを見出すことができるだろう。

我々は互いに命の輝きを持っている。我々はその命の輝きを、時に自分自身の怖れや心配で完全に曇らせてしまう。命、それ自身は、好奇心にあふれ、敬意を抱き、寛容なものだ。自分自身の平静さと中心から他者と関わることができているとき、我々は命の流れの中で世界を見出す人になっている。

言葉にするのは簡単だ！　だが簡単にできることではないと皆知っている。人生は忙し過ぎる。することが多すぎて、さまざまな機会に時間を割けない。我々の多くは、お金やモノを蓄えて自身を守るようにと教えられてきた。しかし究極的には我々を守ってくれるのは人との関係性だ。三・一一以降、これは多くの人にとって大きな教えの一つとなった。時に我々は、不確実さに圧倒されたり悲しみでいっぱいになったりしてしまう。そんなとき、共に在ることが、悲しみを和らげ、不確実さをほんの一部分に過ぎないものにする。

僕はいつもグループに入るとき、まず自分を静めるように心がける。いつもうまくいくとは限らない。しかし、自分の心配や怖れ、不安をやり過ごすということが、どんなに大切かわかってはいる。不安はそこにある。でも僕の残りの部分までそれらに奪われないようにする。一瞥《いちべつ》し、提供してくれる情報に感謝はするが、それらが主人公ではないことを思い出すのだ。

新しい未来を創造するこの仕事の主宰者であり、かつその参加者として、僕たちにできるたった一つの最も大切なこと、それは、自分自身の精神を保つことだ。怖れや心配に流されず、互いにきるのだ。「今」に踏みとどまることができれば、好奇心、敬意、寛容さを胸に抱き、共に対処することができるのだ。

関心を持つ二、三人を見つける

僕が聞かせてもらった物語《ストーリー》すべてに共通して浮かび上がることが一つある。それは、未来を創る仕事を僕たちは**共に**やっているということだ。僕たちは、共に存在するとき、より賢くなる。より強くなる。より多くを達成できる。このような特徴は日本人の奥深い文化的な適性でもある。歴史的に日本人は米を栽培するため互いに助け合ってきた。そしてコミュニティを形成し、繁栄してきた。

三・一一はこの文化的適性にそれ以上のものをもたらした。南相馬の友人、高橋美加子さんのことをよく思い出す。彼女は立ち上がってこう言った。

「南相馬の人々は礼儀正しく、政府が何をすべきか指示するのをひたすら待つ、と言われてきました、でも、もうそうではない！」

東北地方だけでなく全国にわたり、三・一一は人々が望むもののために立ち上がるエネルギーをもたらした。かつては礼儀正しく待つだけだったかもしれない人々が、立ち上がり、言う。

「これは大切なことだ、私がやらなければ」

世界各国での経験を通して、日本がユニークだと僕が思うのは、それぞれが立ち上がり、そして皆と一緒に立っている、ということだ。

これがとても重要だ。もう一度言おう。それぞれが立ち上がり、そして皆と一緒に立っている。僕の祖国、米国では、人々は立ち上がるが、一緒には立っていない。おそらく日本の人々は、歴史的に、立ち上がることよりも一緒に立っていることに長けている。この二つを同時に行うことができたとき、とてつもない可能性が生まれると僕は思う。

僕は世界中で、日本のこのとてつもないエネルギーについて話をしてきた——それぞれが立ち上がり、そして一緒に立っていることがもたらすエネルギーについて。これは、どのような場面においても必要な姿勢ではないだろうか。

たとえば、あなたに何かしたいことがあるとしよう。そのことのために立ち上がりたい。どこから始めるだろう？　同じような関心を持つ他の数人を見つけることから始められる。これを、池に小石を投げることになぞらえてほしい。僕たちはできるだけ大きく波紋が広がることを願うだろう。あなたは、対話を呼びかけて集まる数人と、始める。自分の内側で育ちつつある若い可能性を分かち合うだけの勇気を持つことから始める。そして、探検が始まる。「小石を投げかけた」グループにあなたは自分を明け渡している。それは、自分の内側で育ちつつあるものが何なのかについて理解する手助けとなる。

あなたのアイデアが、そのグループのアイデアになることもある。そうすると、グループはあなたと一体になり、フューチャーセッションを設計《デザイン》する「デザインチーム」になる。

ここでは以下について考えることが必要となる（**図9-1**）。

▼**デザインチーム**……互いを知ることから始める。僕たちはそれぞれ何者なのか。僕たちは何に関心を持っているのか。今の日本にいる僕たちにとって大切なことは何か。

▼**課題と機会**……どの課題や機会が僕たちを互いに引き寄せているのか。これを問うことはタマネギの皮をむくのに似ている。どんどんむいていこう。僕たちが今、関心を持つ問題の核心とは何だろう。何に対して、なぜ、僕たちは関心を持っているのだろう。

▼**フォーカス**……しばしば、僕たちの興味の対象はかなり広い。最初の発端はどこか。どこから始めようか。最初の焦点はどこだったか。他者を誘おうとするとき、その招待状の中心にあるものは何だろう。

▼**参加者**……誰を誘うべきか。僕たちがすでに知る人で関心を持つのは誰だろう。僕たちが知る

図 9-1

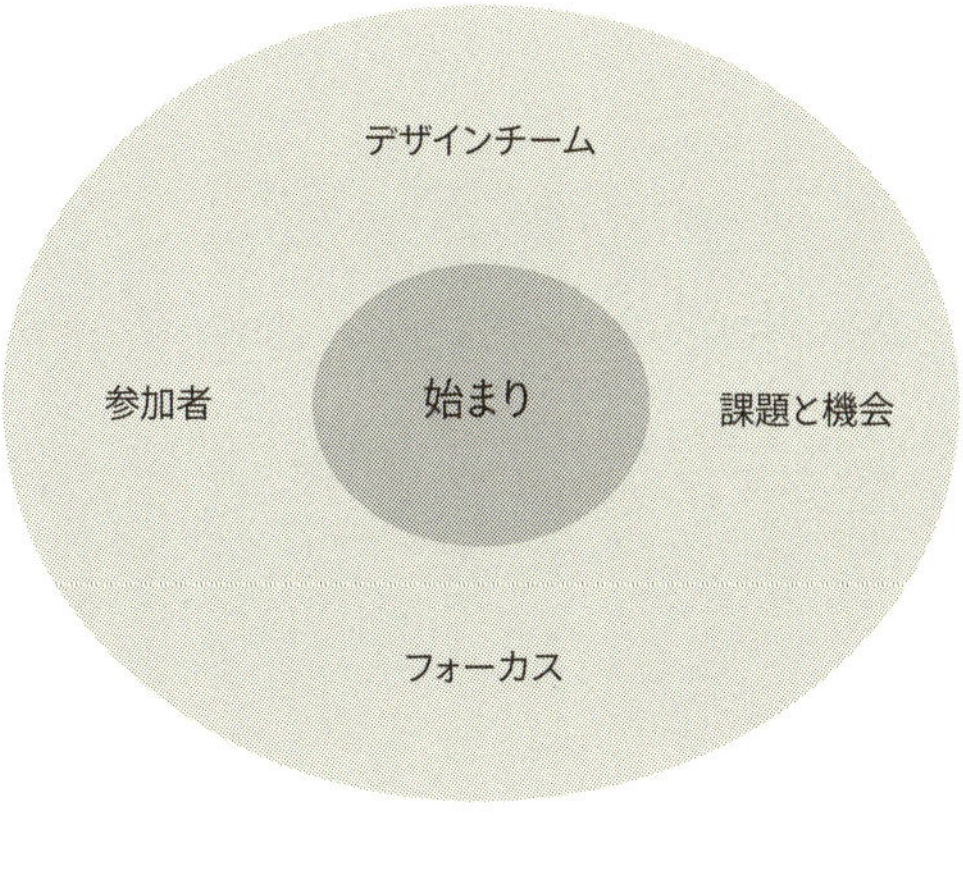

人でその発言が必要な人は誰だろう。最も重要なこととして、**好奇心、敬意、寛容さをもって仲間になってくれる人は誰だろうか。**

二〇一二年の秋、さなぶりファンドの鈴木祐司さんが、ある土曜の午後、僕と数人の友人を仙台に招いたときのことを思い出す。僕たちは、フューチャーセッションがどのようにその地域で役に立てるかについて一緒に考えようとしていた。僕たちが初めて会って話し合ったのはここで挙げた四項目だ。次の一二ヶ月間に行われたさまざまなフューチャーセッションのアイデアは、すべてここから始まっている。

この作業はだいたいにおいてそれほど複雑ではない。いろいろなことに注意を払う必要はあるが、複雑ではない。覚えておきたい大切なことが一つある。一度に一つずつ進めることだ。人々を招き、互いに耳を傾け、話をする。重要なことを注意深く構築していこう。

質問が新しい行動につながる道を拓く

共に学び合うために集まるとき、互いに考えるために集まるとき、一緒に未来を創るために集まるとき、問いが、その「場」に入る道を拓く。答えていくことが我々を先に進め、行動となる。だが、先にふれたU理論が示唆するように、我々の最初の行動への衝動は、たいてい古い、不完全な知識に基づく。もし実際に何か新しいものを創造したいならば、まず、互いに探究心を持つ必要がある。

良い探究はたいてい適切な質問から始まる。

適切な質問は会話を生み、それがどんどんつながっていく。適切な質問は、意味のある事柄を思い出させ、我々の好奇心を引き出し、共に探究する気持ちをさらに高める。そんな質問はどこから来るのだろう。

最もパワフルな質問は、少人数で——デザインチームで——実際に何時間か座ってみて、その終わりに、真の問いを発見しようとするところに見えてくる！　その質問が見えてくるとき、お互いの絆、そして取り組んでいる仕事との絆も強まる。忍耐が求められる。深く感じ取ること。深く聴くこと。好奇心をもって臨み、場の真ん中にあるものを見出そうと心から願うならば、その開かれた態度が必要な質問を手繰り寄せる。

一緒に座る時間で見出すそれらの質問のうちの一つが、しばしば対話への「呼びかけの質問」そのものとなる。一つの例だ。何年も前に、ヨーロッパの友人の一人、トーカ・モーラー（後にアート・オブ・ホスティングの中心的な設立メンバーとなった）が、次の問いへの答えを見出すためグループで協働していた。「学校は他に何になれるだろう？」というものだ。シンプルで明快で刺激的だ。この質問は、コミュニティや学びについて考える多くの集まりにおいて、呼びかけの質問となっていった。呼びかけの質問は独特な香りを放つ——好奇心を喚起し、参加したくなるのである。

もちろん、フューチャーセッションは他にもたくさんの質問を用意する。デザインチームはそれらの質問に応じた適切な対話のかたちを企画する——サークル、ワールド・カフェ、オープン・

スペース・テクノロジー、ＡＩなどである（二四六ページ以降で紹介する）。デザインチームが用意する質問と、実際の対話を通して参加者が見出していく質問が、セッションの成功を左右する。質問を選択するのに効果的だと僕が考えることを挙げてみる[20]。

▼適切に紡がれた質問は、エネルギーを引き寄せ、重要な課題に注目を集める。開かれた質問——単純なイエスかノーかの回答とはならない——が常に良い。そういうものが想像力を喚起する。

▼適切な質問は、問いかけと好奇心とを呼び起こす。デザインチームは行動や即時の問題解決を企図するものではない。可能性をもっと見出すための取り組みを企図するのである。

▼大きな質問は人を刺激し、より深く、さらに良い考えや可能性を開示させる。

▼パワフルな質問は次の性質を持つ。

- シンプルで明快である
- 考えを刺激する
- エネルギーを生み出す
- 問いに焦点がある
- 前提を問い直す
- 新しい可能性を拓く
- さらなる問いを喚起する！

パワフルな質問は目的の明瞭さと共に次から次へと手渡されていく。適切な質問は目的を理解する助けとなる。そして目的は適切な質問を見出す助けとなる。目的について見ていこう。

目的をはっきりさせる

きちんと向き合おう。我々のほとんどは疲れている。我々は忙しい。ＴｏＤｏリストは一日では終わらない。

我々はしばしば、何も決まらず要領を得ない会議に多大な時間を費やしている。つまらないばかりか時に腹だたしい。我々はしばしば、なぜ人を集めたいのか実のところ曖昧な会議を開いていないだろうか。はっきりしないところに、集まるべき人が集まることはありそうにない。集まった人間で生産的な対話をすることも期待できない。

この三年間、東北において、目的を持つ各種の

図 9-2

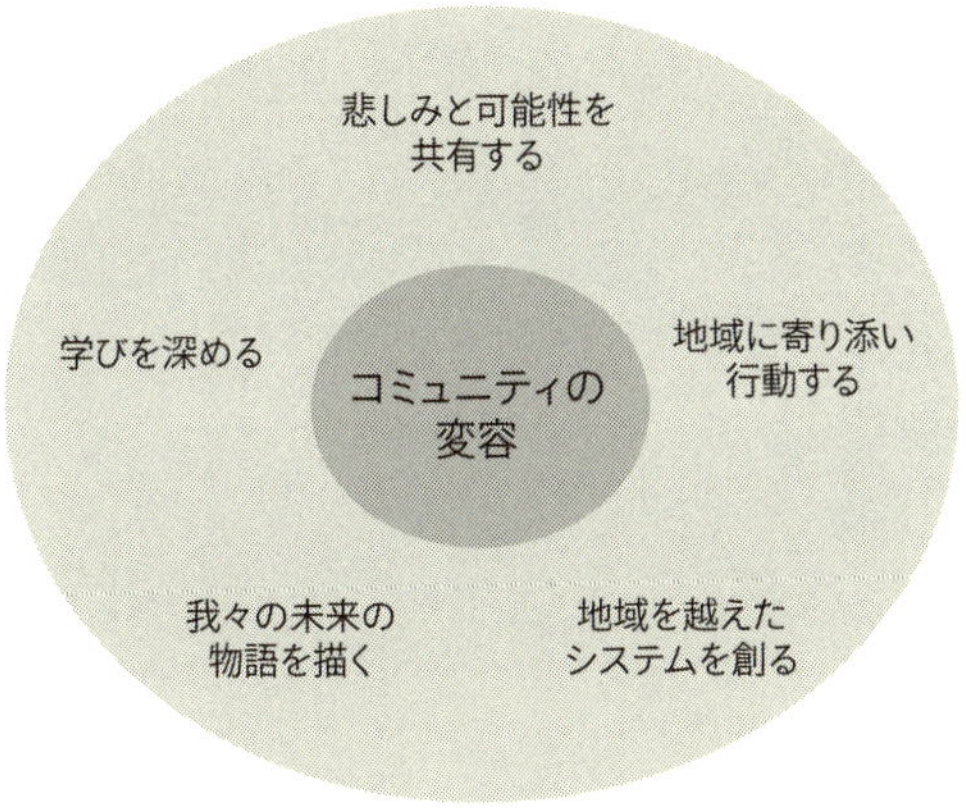

対話を見てきた。それには五つのタイプがあった（図9-2）。くっきりと区別できるわけではない。二つないし三つが同じ空間で同時進行していたこともある。だがこの五つの視点から眺めると、対話の「目的」の原型をイメージしやすいだろう。システムの移行や変容には、この五つすべての領域における取り組みが求められる、と僕は考えている。一つか二つ程度だと、多少の癒やしや学びや局地的な取り組みは可能かもしれないが、コミュニティを蘇らせる包括的な仕事には至らないだろう。

1　悲しみと可能性を共有する

時に、我々はただただ一緒にいる必要がある。共に夢を紡ぐ必要がある。共に悲しみを共有する必要がある。以前は不可能だったことで今は可能になったことを、手探りで道を切り拓きつつ共に求めていく必要がある。対話の中から特定の考えが浮上してくることもあるだろう。しかし、この対話の主な目的はただ、人々がそこで立ち止まってしまわないようにすることだ。人々が悲しみを語ることができる安全な場所を創ることだ。新しい可能性の輝きが見えるような活性化した場を創ることだ。三・一一以後の歳月の中で、僕が参加したほとんどのフューチャーセッションは、真に悲しみと可能性の探索に捧げられたものだった。震災によって最も破壊された地域である沿岸部と福島では、こうした対話が今も最重要であり続けている。

口にされない悲しみは毒となる。あまりに過ぎると、それは人に緩慢な死をもたらす。圧倒されて、不安定となり、道を見失う。だがそれを口にしていくとき、悲しみは変化への燃料となる。可能性と同じなのである。隠してしまうと可能性はしおれる。語られることで成長する。悲しみと可能性は共に、積極的な希望《アクティブ・ホープ》の炎の燃料となることができる。良い対話は、悲しみと可能性の両方を明るみに出すのだ。

2　地域に寄り添い行動する

第六章で簡単に紹介した石巻市のフューチャーセンター「こはく」のような活動は、地域の活動を支援するすばらしい事例である。

人々が集まる。成し遂げたい何かがあるからだ。新しいビジネスのスタート、企画の準備、子どものためのアフタースクールの設立だったりするかもしれない。どれもがフューチャーセンターで取り上げるのに適している。集まる人々は多様な視点と背景を持っていて、同じ関心を持ち、何かをしたいと願っている。地元向けのフューチャーセッションでは、参加者はアイデアをブレーンストーミングし、企画やプロトタイプを練り、次のステップを決定する。そうして結果を共有するスケジュールを決めておく。

地域活動は、時に、官公庁・役所、他の地域へのアドバイスといった重要な任務の場合もある。しかし、より大切なのは、僕が思うには、今持っている資源でできることで協働することだ。

3　地域を越えた《トランスローカル》システムを創る

「トランスローカル」とは新しい言葉だ。違う場所・地域で同様の仕事をする人同士がつながっていくことを意味する。さて僕個人の見解だが、「すべての変化はローカルである」と考えている。「変化」はある特定の場所で起こるものだから。そこで新しい何かが生み出されるならば、実際に変化を観察できるし確認することもできる。何もないなら、そう、何も変化していなかったのである。変化とは常に局所的システムの中に見られると言える。だがフューチャーセッションという場で人々が望む「未来」を創るためにダイアログを重ねる僕たちは、概して一つの局所的変化以上のことを望んでいる。システム全体の「変容」を求めているのだ。僕たちの在り方の変容を望んでいるのだ。——では、「変化」から「変容」へと我々を移行させるものとは何だろう。

変容とは、僕が思うには、異なる地域でそれぞれ同じテーマで活動する人々が互いにつながり始め、学びを分かち合い、次に起きることを共に考えるようになったときに起こり得る。これはきわめて重要なコンセプトだ。ある外国の事例で示したい。二つのループの項で紹介した物語である。

一九七〇年代の米国で（他の国々でも）、四〇年以上前のことだが、自分たちの食料は自分たちで育てたいと考えた人々がいた。多くは若い人たちが「大地へ帰れ」運動を推進した。彼らのほとんどは作物を育てることについて何も知らなかった。彼らの試みの多くは、うまくいかなかった。大多数が諦め、都会の暮らしに戻った。それでも学び続けた人たちもいた。ゆっくりと、作物を育てるということが何を要するものなのかを、彼らは理解し始めた。彼等は互いにつながり始め、その学びは共有されていった。徐々に、地元食材農家の地域的そして全国的なネットワークが知られるようになった。一九九〇年代までには、より多くのコミュニティがファーマーズ・マーケットを開催し、地元食材を売るようになった。今世紀の始まりまでには、食料品店は地元食材を提供する棚を設けるようになっていた。今では、ただそれが納得できることだからという理由で、多くの人が地元食材を探して購入している。

こうして食物に関する人々の考え方、食料を購入する方法、その使い方が「変容」しつつある。それは、作物を育てる人々が、互いに地元を越えたつながりを形成したことから、始まったのである。

日本で暮らしの在り方を変容しようとするなら同様に、地域を越えるつながりを創る必要がある。フューチャーセンターはそれを行う一つの鍵となる場である。すでにそれは起きつつある。過去三年間、野村恭彦さんと僕が行った「フューチャーセッション・ウィーク」の仕事の結果だ。これは東北のみならず全国から人々が集まってさまざまな課題に光をあてる場である。現在、ウェブサイト「OUR FUTURES（私たちの未来）」（www.ourfutures.net）が、異なる地域における仕事を可視化する一つの道具《ツール》として利用されている。ここで人々は互いに出会い、つながりを持つことができる。

4 我々の未来の物語を描く

多くの人が、東北地方を再生するのに二〇、三〇年かかるだろうと言っている。その未来とはどういうものなのだろう。三・一一以前は「困難」な状況だったと多くの人々が語っている。高齢化、若者の東京への流出、減退する経済、東京の人々と比べて良くないという認識が示されていた。では、違う未来とはどのようなものか。東北あるいは日本全国で、実現したい未来とは何か。それを考えることが不可欠な時代に我々はいる。そうして震災が過去に亀裂をもたらしたことで、新しい方向へ進みやすくなっている。

二〇一二年、高松市でフューチャーセッションを開催したときのことだ。一人の参加者が僕に言った。

「私は、未来とは考えなければいけない対象だと、気づいていませんでした」

僕はショックを覚えた。そしてすぐに気がついた。震災により、多くの人がこれまで想像しなかったような不安定な状態にいることを。これまで彼らはそんなふうに自身の人生について考える必要はなかったのだ。さらにこの紳士は言う。

「未来を考え始めたとき、それは本当は自分の幸せを考えることなんだと気がつきました」

突然僕は三・一一以来交わしてきた多数の会話のことを思い出した。それ以前に、日本の人々が「幸福」について話していた記憶が、僕にはほとんどないのだ。それは公に語るような事柄ではなかったのだろうか。なぜだろう？

時に僕は、一九九五年の阪神・淡路大震災と三・一一を比べる。もちろんたくさんの違いがある。僕が注目する差異は、一九九五年当時はほとんどの人たちが日本は正しい方向に進んでいると思っていたが、二〇一一年には異なっていたというところである。阪神・淡路大震災の当時は、数年前にバブル経済が弾けはしたが、依然として世界有数の経済大国であることが良質の生活を意味していた。ほとんどの人々は日本がそれまでと同じ方向をさらに進むことを願っていたのではないか。二〇一一年にはそれが違った。第二次世界大戦以降の日本が追求してきた方向に、より多くの人たちが疑問を持つようになっていた。経済成長の追求に戻る道を探ることが正しい「前進」であると考える人々がいる一方で、それ以上に多くの人々が、自分がどんな未来を望むのかを自問していたのではないか。より多くの人々が、どうやって幸福を見出すのかと自分に問いかけたのではないか。僕たちは新しい物語《ストーリー》を必要とする時代にいる。東北にとってこれは真実だ。それは日本にとっても真実だ。そして世界のあらゆる場所にとって真実ではないだろうか。

この必要性を示すように、変容型シナリオ・プランニングといったフレーズが用いられるようになっている。こうした表現の背景にあるものは、普通の人々が、信じることができる未来の物語《ストーリー》をあらためて必要としている、というシンプルな事実なのだ。普通の人々である我々がそれを共に創る必要がある。当事者である我々が共に立ち上がり、未来の幸福のために何を望むかを表明する必要がある。

これは東北でいまだ果たされていない。しかし始める時は今だ。僕たちが望む二一世紀の日本とは何だろうか。

5　学びを深める

フューチャーセッションは、学びを深める方法としても有益なものとなる。三・一一以来、誰もが忙殺されてきた。余分な時間がほとんどない。二〇一三年、東北の仲間たちが一人また一人と疲労から倒れていくのを見た。誰もが時間とエネルギーの限界まで働いた。少し立ち止まって学びを深められたらよかったが、ほとんどがその時間を取らなかった。学びの時間が設けられても、古いスタイルのものだったりする。専門家が部屋の前方に立ち、トレーニングを提供する。残念ながら、深く生成的な学びはそういうことでは起こらない。

二〇一二年、ETIC．と緊密に協働する機会があった。彼らの活動についてはすでに第四章でふれた。彼らは「右腕プログラム」として、東北の社会起業家や地域リーダーと協働する人たち（多くは若い社会起業家）にいくらかの月給を支払っている。[21] 僕たちは、この学びの深い協働プログラムの一部を導いてきた。

フューチャーセンターは「場」を提供し、次の三つの学びの空間となる。

▼**自身の学び**……学びは「停止《ストップ》」から始める。深呼吸をし、そして自問する。私は何を見ているか。何をしているか。何に気づきつつあるのか。自分が重要だと思っている仕事をしていると、しばしば我々はただそれを続けてしまう。しかも加速していく。しかし、充実した日々の中では多くを学ぶものの、立ち止まり、していることを振り返らなければ、学んだことが失われてしまう可能性は高い。

▼**同じシステムの他者からの学び**……立ち止まって同様の仕事をしている人と話をすることが、多くの場合、最良の学びの方法である。振り返って学ぶ環境は、自分の経験で理解していること、意味を感じていることを、互いに学び合う後押しをしてくれる。自分自身の学びはさらに明瞭となり、相手の学びと合わせることで、さらに多くを理解する。

▼**システム外の人からの学び**……自身の学びに堅固な土台ができれば、自分たちの属するシステムの外の専門家に対して、本質的な質問をする用意ができる。そうすると、突如として専門家の回

答は単なる理論や観念ではなくなり、自身の経験のレンズを通して即座に把握できるものとなる。

コミュニティの実績や学びのネットワークを作り、他のコミュニティの人々と共に定期的に勉強会を実践するようになると、真の変容の条件ができてくる。よく思い出すのだが、福島の人たちが言っていたことは明瞭だった。

「新しい未来を創造するなら、新しいことを学ばないと」

新しいこととは、まず自分の経験を咀嚼《そしゃく》し、同様の仕事をする仲間と対話し、自分たちのシステムを超える視点や知識を受け入れることで、可視化され、アクセスできるようになる。フューチャーセンターの構成と方法論とは、この学びを促進する一つの有効な手法である。

対話から行動、そして根本的な変化へ

フューチャーセッションのワークについて考えるとき、僕たちの注意はすぐに実際のセッションそのものに引きつけられる。セッションは重要だ。それがこの仕事の核心である。だが、フューチャーセッション単独で根本的な変化が創り出されるわけではない。フューチャーセッションの対話を通して互いに関わり合うことは重要だが、他にも重要なことがある。

コミュニティを蘇らせる仕事は根本的な変化を必要とする。目的は、自分たち自身のために機能する新しいコミュニティを創造することである。そのコミュニティには正しいと信じられる仕事が

ある。必要な食料や資源のほとんどを満たすことができる。どの年代の人々にも役割があり、全体の暮らしのために互いに学び合っている。

この未来を見出していく仕事を考える一つの方法は、ワークにおける六つのステップをそれぞれ確認することである。これを僕は（直線的ではなく）スパイラルな構造として見る。コミュニティを蘇らせる仕事はより深く、広く進んでいくのである。この六つはパワフルに絡み合う（**図9-3**）。

1　想像する

すべては想像力から始まる。実は長い間、この仕事は目標をはっきりさせることから始まる必要があるのだ、と僕は思っていた。だが、それでは可能性の範囲を狭めてしまうと考えるようになった。焦点を絞るのが早すぎると、利用できるかもしれない多くの事柄を排除してしまう。結局、想像力から始めることが必要である。好奇心をもっ

図 9-3

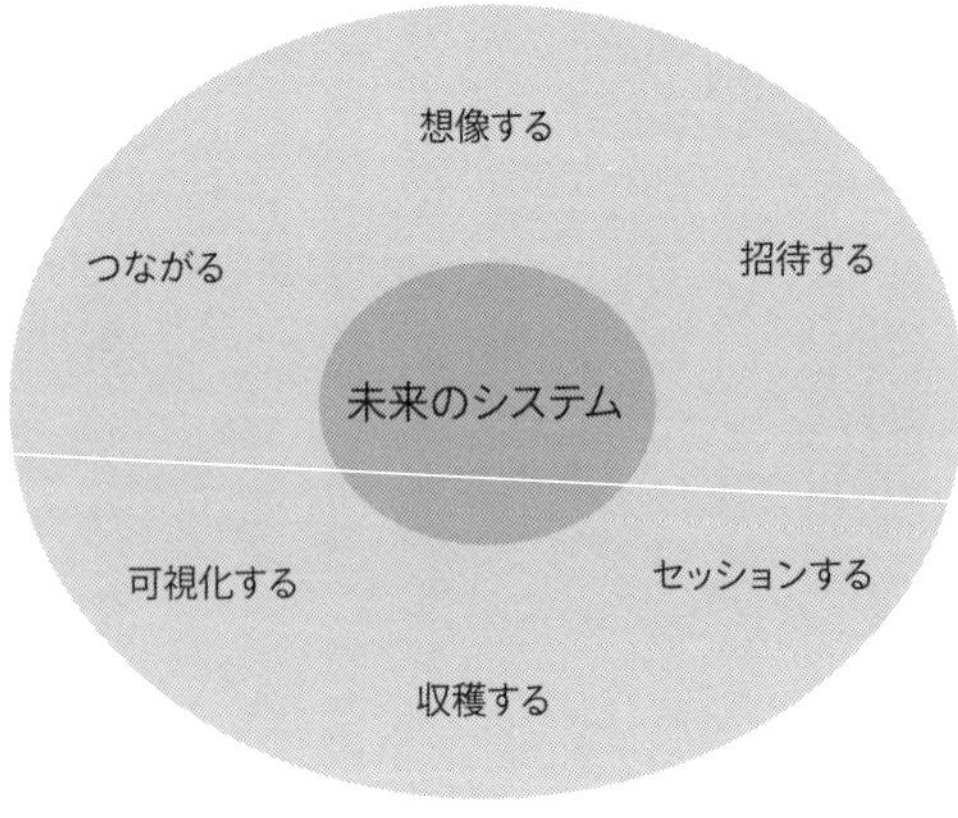

て。

我々は常に、さらなる可能性を見出すために、自分を開いているよう心がける必要がある。これを対話で実践する場合もある――「以前は不可能だったことで、今、可能なことは何だろうか」といった問いかけをすることで。ブレーンストーミングで実現できる場合もある――互いの異なる考えやアプローチを手早くリストアップすることで。グループでのラーニング・ジャーニーは、異なるシステムの世界を体験する機会であり、想像力の刺激剤となる。ちょっとスピードを落とし、自分たちの頭が陥っているいつもの（システムの）罠を抜け出て、異なる考えや見方を持つ人々と関わることは、どれも我々の想像力を刺激する。

フューチャーセッションを企画するデザインチームが初めて会合するとき、初めに行う必要があるのは、それまでに起きていることを見つめることだ。そして、現在ほかに何が可能なのかをオープンに考えるのだ。未来への道を想像し、さらに深い問いのステージへ進むことになる。

2 招待する

その深い問いをデザインチームは自らに投げかける。「これらの問いを探究するために誰を招くべきだろう？」という問いである。この舞台《アリーナ》に利害があるのは誰だろう？ 自分たち以上に異なる経験や考えを持つ人は誰だろう？ 新しい何かをうまく創り上げる上で誰を招き入れることが大切だろう？

触手を伸ばしたい。でも、ばらばらになるほど遠くではなく。いろいろな背景の人たちを招き入れたい。男性・女性、若い人・年配の人、多彩な職業に従事する人々。多様な知識や見方を得られるようにするのが望ましい。さまざまなセクターの人々を集めるのが望ましい。ビジネス、政府、NPO、市民、学会、各種プロフェッショナルなどである。

このとき誰かを説得するようなことはしない。これは何かを売りつけたり宣伝したりすることとは違う。するべきことは、共に在ろうとする多様な経験や見方を持つ人々――好奇心、敬意、寛容さをもって集まることのできる人々を見出すことなのである。引きつけること、招くこと。誰かを排除すべきではないし、あらゆる人を連れてくる必要もない。

フューチャーセッションに招待する際は、それがプロセスの中の単なるワンステップだということを意識しておく必要がある。さらなる別のセッションが続くのだ。今来るべき人は誰か、次のセッションでは誰が来るべきか、と問うことは大切だ。

3　セッションする

それから互いに関わることとなる。セッションの手法は、互いの共通の関心をより深い見方で見ることを助け、新しい協働を促すパワフルなものである。本章のもう少し後で詳しく述べるため、ここでは紹介するにとどめる。セッションの後は収穫となる。

4　収穫する

どの対話のセッションでも常に多くのことが起きている。たくさんの異なるレベルでの関わり合いがある。ペアで取り組むこともあれば、全体で輪になることもある。同じ問いを持つ人同士の小グループ、あるいは異なる分野を探究する小グループもある。セッション全体をよりパワフルにするものは、各部分で起きていることから注意深く成果を収穫し、全体で可視化することだ。

いろいろなものが良い収穫に貢献する。ペアや三人、あるいはグループといった小システムで起きていたことを、できるだけシンプルなエッセンスにして部屋の真ん中に持ってくることもある。ただサンプルにする程度のこともある。より完成したレポートにすることもある。付箋に記したアイデアや可能性を壁に貼って「地図」を作ることもある。絵の描ける人が対話を聞いて色彩豊かなイラストに描き出すこともある。壁に詩や引用などを掲示して共有することもある。これらはどれも収穫の一端となる。時にはU理論の「ソーシャル・プレゼンシング・シアター」のように、グループの人々が相互に深く耳を傾けて場を探究し、空間の中にある見えないものをシンプルかつ強力なパフォーマンスとして表現することも可能だ。写真を撮影する、音楽をかける、ツイッターやフェイスブックに投稿する、といったことも収穫の産物だ。ダイナミックに記録を創るのである。

5　可視化する

デザインチームの目標は一人ひとりの問いを育み、コミュニティにおける当事者の層を拡げることである。それが収穫の次のステップである。収穫は、対話に参加した人々にとって最も役に立つ。その場の空気や、そこでどんな気持ちだったか記憶できる。アイデアやその場のコンテクストを共有できる。これはこれですばらしい——だが、次のステップがある。

もし、こうした問いを育み、変化の全体的なサイクルを促進したいならば、収穫したものをより広範囲のコミュニティに向けて可視化する必要がある。これは収穫した「情報」から広く共有され得る「知識」を創出する機会を探ることを意味する。収穫では場の印象や洞察が集積される。わくわくするのは、収穫で集まったことを持ち寄り、グループが共に座って問うときだ。

「これが本当に意味することは何だろう」

「これは僕たちに何を示しているのだろう」

「これを知る必要があるのは誰だろう」

このような問いは別の表現へと扉を開いてくれる――ブログ、記事、映像、写真、ツイート等々。これらによって深く意義のある「今」を分かち合うことが可能になる。

6　つながる

スパイラルの次のステップは、可視化したものをもって、それぞれの仕事や夢、問いをより多くの人々につなげることだ。先ほど、この仕事を池に小石を投げることにたとえた。可視化は、もっと多くの人々とより広くつながるかたちで、その波紋を広げることになる。招待の精神をもってより多くの人々を招き入れ、探究、問い、見え始めた可能性をできる限り共有していく。頭と心の両方を使って、他に誰を招き入れることができるだろうと問い続ける。自分たちの知恵を、排除ではなく包摂のために用いる。

1 想像する

スパイラルは巡り続け、また想像するというステップに進む。そしてさらに深まっていくのである……。

他者と関わり合うためのこれら六つのステップは特に変わったものではない。コミュニティの変革のムーブメントを育成するのに必要とされる基本的なステップである。重要なのは、これを継続的なサイクル、スパイラルとして認識することだ。新しい未来を共に探すこの過程で、我々の関わり合いは徐々に深まっていく。細心の注意をもってそれぞれのステップを進み、それが次の可能性を開いていくことを認識しながら活動することが大事である。

他者と共に取り組む

それでは、この仕事の核心に進んでいこう。フューチャーセッションにおける他者との関わり方についてである。

僕が参加したフューチャーセッションやその他の多くの対話を考えると、六つのステップ（**図9-4**）があることに気づく。それらは必ずしもはっきり区別できない。順番に起こる必要もなく、また一つのステップが複数のステップを含むこともある。そしてそれぞれが成功には欠かせない。

1　関係性構築

どの対話でも、当事者は関係性を築いている。それが最初のステップだ。我々は互いに関係しており、また時には互いから離れていく。ただ関係性それ自体が変容であることに気づいていたい。ある米国の医師チームが、チームメンバーが互いの自己紹介から入るとき、外科手術はより望ましく進むことに気がついた。さて、日本においては、これはさほど大きな驚きではない。日本ほど、互いの関わり合いについて意識を持つ文化は他にまずない。だがこの地においてでさえ、忘れてしまうことはある。自分たちが知らない人のことを「あちら側」と区別するのである。「グループの中」「グループの外」という強い意識がそこにある。だが、真の変化、深い変化は、通常は互いに関係性のないところを関係性のあるものにしようとする。それは他者に自分を開いていくことなのだ（思い出してほしい。好奇心、敬意、寛容さ、だ）。

図 9-4

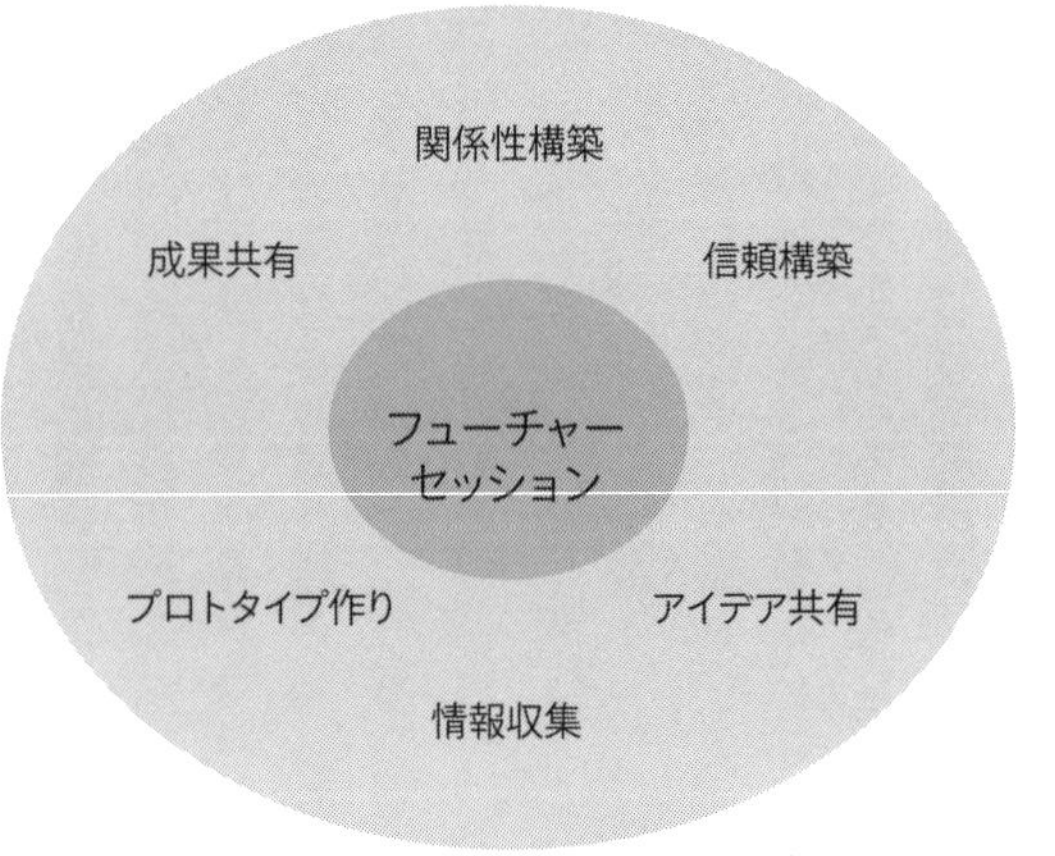

関係性構築はいろいろな方法で起こる。時にそれは対話の最中に起こっている――ただ、それがいつでも適切なスタートとは限らない。大船渡市（岩手県）の僕の仲間の一人がこんなことを言っていた。

「緊急避難所の人々は互いに関係性を創ることを望みません。皆そこにいたくはないのです。その人たちの生活は奪われたのです。すぐにそこから出て行きたい。そうできないとわかっていても」だから彼は、対話から入るより、人々が互いに「遊ぶ」という、違う方法から入ろうとしていた。「そういうことから始めたら、もしかしたら、お互いに関心を持ち始めるかもしれない」

何か共通のプロジェクトを持つことが良い場合もある、と言う人もいる。何かを作ること、清掃すること、フェスティバルを企画することなど。隣り合って取り組むうち、互いに関心を持つようになる。よく準備された対話自体が新しい関係性を構築することがあるし、他の方法もあるわけだ。大切なことは、誰もが自身の物語からやって来た「生きた人間である」ことを相互に認識し始めることだ。

2 信頼構築

夢は宝ものである。悲しみは個人的なものだ。怖れは我々を打ちのめす。人が、悲嘆や怖れ、そして夢を分かち合うには時間がかかるが、そうするに従って、人は信頼を構築していく。巧妙なパラドックスの一つがここにある――自分が何者であるかを分かち合うことが信頼を生む、しかし自分が何者なのかを分かち合うにはそこに信頼がなければ難しい。我々は時に、境界を越えて他者に対し無防備となり、信頼を築かなければならない。

大抵の場合、信頼構築には時間がかかる。最初は、たとえば目の前にいる誰かを「試しに」信じてみる。日本全国におけるフューチャーセッションの取り組みで、たくさんの人々が、自分の物語《ストーリー》を分かち合うことで信頼が増大する経験をしている。物語が良い雰囲気の場で分かち合われるとき、お互いが本当に誰なのか、もっと見えるようになってくる。このとき、信頼は自然についてくる。

人を信じるとき――そして相手が自分を信じてくれていると知っているとき――、対話はより深まっていく。より多くのアイデアを生み出し、可能性を調べ、新しいモデルを作り、新たな協働を企画できるようになる。互いの尊厳や寛容さ、善い心に触れるとき、信頼は深まり、いっそう共に創造できるようになる。

3 アイデア共有

僕の経験だ。どのコミュニティにも、物事を良くする方法について良い考えを持った人がいる。これらのアイデアを分かち合うのに心地よい場を、僕たちは提供する。全体で、進むべき可能性の範囲を可視化していく。いろいろな意味で、これはすべてのステップの中で最もやさしい――関係性構築や信頼構築の仕事を完了しているならば。

人々はたいてい自分の考えを共有することに――少しシャイにはなるが――熱意を持つ。最初は二人か三人あるいは四人ほどで行うのがよい。少人数での探究的なインタビューは共有しやすく、気兼ねのないブレーンストーミングにつながり、たくさんの可能性がリストアップされていくだろう。そうした作業を通し、それぞれのアイデアが、共に創る大きな絵の一部であると人々は気づいていく。考えをさらに発展させて未来を考察するための手法として、関心あるものに投票して傾向をつかむやり方や、オープン・スペース・テクノロジー、プロアクション・カフェなどがある（二四六ページ以下参照）。

4　情報収集

コミュニティで真剣に取り組みたいアイデアが浮上したなら、さらなる探究に進む。コミュニティは自分たちが知らないことが何かを分かっているものである！　検討してきたアイデアが形を取り、コミュニティが動き始めたら、「調査」を開始する時である。

調査にはいろいろな形式がある。ラーニング・ジャーニーで他のコミュニティが経験してきたことを学ぶ、インターネットを活用して調査する、当該テーマの分野における専門家やその組織・企業を探してインタビューをする、など。フューチャーセッションは、情報を活用し始めるのに適した場所である。また、フューチャーセッションのさまざまな「手法」は、集められた情報について話し合い、いろいろなアイデアを発展させていくために利用することができる。

5　プロトタイプ作り

これはすばらしい段階である。プロトタイプは正解である必要はない！　それは学びを見出すための材料である。これは、モデルや計画を作成することから始まる。プロトタイプは一回限りのものから検証できるモデルまで多様である。綿密に作られた立体模型、絵、言葉、その他の形式もあるだろう。あるいはイベントの形になるかもしれない。都市計画では、検討している地域の三次元モデルをプロトタイプとすることができるだろう。地域の高齢者と若者が朗読パートナーになるプログラムでは、多世代参加型の朗読イベントという形でモデル化できるだろう。プリザーブドフラワーの事業化においては、試作した製品を地元のファーマーズ・マーケットに出してプロトタイプとすることができるだろう。

言い換えると、プロトタイプ作りとは、前に踏み出して現在の資源でできることを行い、アイデアの可能性をより深く学ぶことを意味する。誰かを待ったりはしない。ただ始める。モデルを作ったりデモンストレーションを行ったりすると、アイデアが世の中で生き始めるのが見える。そして他の人々がどんなイメージを持つかが見える。そこに自分との違いを発見することが、その仕事をさらに強くしていく。イノベーションの世界でよく言われることがある。

「早く失敗しよう、何度も失敗しよう」

これは、我々はしばしば成功よりも失敗から多くを学ぶ、ということを思い出させる！　プロトタイプ作りは、現実世界において創造の場を開くのである。

6　成果共有

フューチャーセッションの仕事は、より多くの関心を持つ人々に成果を見せるほど、深まり、発展する。そのコミュニケーションにおいては三つの事柄に注意を払う必要がある。

▼**成果を伝えることの目的は時として、新しい協働的パートナーシップに関わる人々の裾野を広げることである。**言い換えると、他者とつながり、我々の仕事に参加するよう他者を招き、新しい協働パートナーシップを作れるように、仕事を可視化するのだ。

▼**時として我々はその時点で利用できる資源で得られる限りのものを持っている。**これはビジネスでは、先に進むための予算と決定権を持つ人にプレゼンテーションするべき段階にあることを意味するだろう。コミュニティにおいては、実証済みのアイデアと提案をもって行政に接触するべきことを意味する。NPOにとっては、次の企画を練り上げて資金獲得を目指すべきことを意味するだろう。いずれの場合も、次のレベルに進むために必要な支援ができる人々とコミュニケーションを取るということだ。

▼**時にはそれまでの成果をコミュニティ全体に伝えるべきである。**当初の課題、検討したアイデア、調査内容、プロトタイプなどをコミュニティに還元しようということである。それによって、予想外の協働への道が開けることもあり得る。また、アイデアに反対する人々が現れればその人たちと対話するきっかけにもなる。

これら六つのステップは、フューチャーセッションでの幅広い仕事をイメージするための一つの枠組みである。望む未来を創造するためにコミュニティを招集するときに我々が行っていることだ。長期の仕事である。我々は、東北で新しい未来を築くには何十年もかかるだろうと承知している。

時間がかかるのだ。我々は互いにつながり続け、耳を傾け、知恵と願いと夢とを分かち合い続けなければならない。

我々はかつて、我々の未来は専門家に委ねていればいいと考える時代を過ごしてきた。今、我々は異なる専門家とパートナーシップを築くことが必要だと気づき始めている。コミュニティを蘇らせてより良い未来を築くためには我々一人ひとりの参加が必要であるように、あらゆる異なる視点や経験が必要なのである。

対話の手法

フューチャーセッションとは対話に尽きる。良い対話を行う方法はいろいろある。次の五つが最も基本となるだろう。

- サークル
- アプリシエイティブ・インクワイアリー（AI）
- ワールド・カフェ
- オープン・スペース・テクノロジー（OST）
- プロアクション・カフェ

本書は方法論を論じるものではない。しかし、まったく言及しないのも不適切だろう。そこで、「共に在る」ためのいくつかの方法について、その概念と見解を共有したい。いつどれを選択するのかについても。

サークル

至るところで人々は、輪になって出会い、互いの話に親密に耳を傾け、自身の真実を語り合ってきた。輪になって座るとき、誰もが「同じ土俵」に在る。上座や座長のテーブルはない。身を隠すテーブルさえない！　席の決まりはなく、我々はただ一緒にそこにいる。そして、我々はその場にいる皆を、見る。システム全体が皆に見えている。世界中で多くの人たちが、サークルを応用したワークをしてきた。サークルの例として最高のものの一つに、クリスティーナ・ボールドウィンとアン・リニアによるピア・スピリット・ワークがある[22]。

サークルとは、その時そこにあるシステム全体に語りかけ、全体を見て、全体を聞く場である。フューチャーセッションではサークルをさまざまな場面で用いる。

チェックイン・サークルが、通常のフューチャーセッションの開始となる。これは、参加者がその場にいる自身の状態を認識することを助けてくれる。チェックインはしばしば「ロー・リスク」で行ってもらう。つまり、ただ名前と所属を言うだけだ。チェックインの質問として自身の個人的な気分を共有するようお願いすることもある。また、ジェスチャーや体の動きを添えたチェックインをお願いすることもある。

チェックアウト・サークルは、フューチャーセッションを終了するのによく用いられる。参加者に鍵となった学びを共有したり、検討している今後のステップについて言及したりしてもらう。言語以外の方法をとること、あるいは思いのたけを一つの単語で表現してもらうこともある。目的は、閉会にあたりコミュニティ全体が場に可視化されることである。

ディサーンメント・サークルは、コミュニティ全体にとって重要な課題を考察する対話の場である。参加者が多数の場合には、ディサーンメント・サークルは十分に配慮して進める必要がある。参加者は、コミュニティ全体にとって有益である事柄のみを話すよう求められる。

良いサークル・ダイアログのための留意点を挙げておこう。

[役割]

▼**ホスト**……これはサークルを一堂に招集し、サークルのプロセスを進行する人である。

▼**見守り役**《ガーディアン》……この人は、サークルにおいて時間を見守る管理人である。何か鍵となるものが語られたときには、沈黙するための「間」を提案する。また、必要であれば、もっと簡潔に話してもらえるよう声がけをする。

[実践]

▼**注意をもって傾聴する**……サークルで話されていることに対し、知性と心を十全に開いて耳を

傾ける。判断は保留し、できる限り、深く耳を傾けよう。

▼**意図を持って話す**……自分にとって明瞭な点または混乱している点から話す。できることを提供し、必要とすることを求めるということだ。サークルの中で今話されている事柄に耳を傾け、そこから語ろう。

▼**グループの充足に貢献する**……自分およびグループがその目的を遂げるためには何が必要なのか意識していよう。

▼**好奇心を持ってその場にいる！**……それぞれの参加者が持ってきたものより大きなものが、サークルの真ん中に生まれつつあるのだ。

▼**秘密を尊重する**……サークルの中で語られたことはサークル内に留めること。自身の学びを分かち合うことは問題ないが、他の人たちの物語をよそで話さない。

▼**沈黙を尊ぶ**……沈黙は会話の重要な一部である。自分が本当に役立つものを提供できるまで、沈黙を保っていよう。

［サークルの開始］

▼**場を招集する**……主宰者は参加者を、それぞれがリラックスした状態でいられるように招き入れる。歓迎の言葉、受容的で瞑想的な空間へ招き入れるのに適した詩、瞑想のための時間、沈黙の時といったものはどれも、人々をこれから生起する事柄に完全に開かれているように導く方法である。

▼**目的を告げる**……なぜ共に集まったのか、皆に再確認する――皆すでに分かっていると思ったとしても。

▼**常に適切な問いを持つ**……問いがあるから集まる。特にこのサークルをその場に招集した、初めの問いを口にする。

▼**チェックイン**……参加者それぞれに、ひと言あるいはワンセンテンスで、サークルに向かって語ってもらう。または、最初のチェックインだけは、近くにいる一人か二人と向かい合って語ってもらってもよい。

[共にサークルをしている時間]

▼**聞くための小道具を用いる**……「トーキング・オブジェクト」はしばしばサークルにおいて大切な役割を持つ。トーキング・オブジェクトを持っている人が話をする。他の人はちゃんと聞く！とても簡単だ。それは注意を集中させてくれる。

▼**異なるモードを使う**……サークルに参加する方法はたくさんある。すべて使いこなそう！ある時は、皆の声をしっかりと招き入れるためにトーキング・オブジェクトを回していく。ある時は、「ポップコーン」スタイルを使う。つまりサークルを囲んでいる人たちは話したくなったらおもむろに話す。ペアか三人の小グループに分かれ、互いにより集中した対話をする。時にトーキング・オブジェクトを用い、また時にそれを脇に置いておく。いろいろな方法でサークル参加を実践していこう。

▼**収穫する**……サークルの中で起きていることを皆にわかるよう可視化しよう。生じたこと、留まっていること——知識、エネルギー、関係性、問いなどである。

▼**省察**……生じていること、見ていること、学びつつあることについて、皆が省察するための場を提供する。

［サークルを終了する］

▼**チェックアウト**……チェックアウトのための場を設ける。参加者は、今、自身に起きていることを、ひと言やジェスチャーで表現する。

▼**場を閉じる**……主催者は、正式にサークルを終了するために終わりの言葉や報告の提供を行う（べきである）。

▼**場を解散する**……サークルはエネルギーを蓄積している！　ここから他の社交の場や他の対話の時間に人々が移行するにあたり、主催者は、その濃密な傾聴や学びのエネルギーを開放してあげよう。

アプリシエイティブ・インクワイアリー（ＡＩ）

アプリシエイティブ・インクワイアリー[23]（ＡＩ）は、当事者自身がうまくいっている事柄を見出し、それを増幅することでシステム内の変化を創出するための手法である。ビジネスの流儀においては、しばしば「問題点」に関心が向けられる。うまくいっていない事柄を詮索し、改善策を講じようとする。ＡＩはその反対のアプローチを取るのである。

四つのプロセス——発見、夢、構想、運命

ＡＩでは、まずうまくいっている事柄を**発見**する。そして、それを増幅することで何が可能となるか、**夢**を想い描く。そこから起き得ると思えることを**構想**する。最後にその成り行き、すなわち**運命**に沿っていくものである。これは米国ケース・ウエスタン・リザーブ大学のデビッド・クーパーライダー教授らによって一九八〇年代に提唱されたアプローチである。詳細は同教授らのウェブサイトを参照されたい。

フューチャーセッションでは、ＡＩは通常ペアで行い、二人で重要な問いを探求していく。問いはたいていとても簡単なもので、二人でその本質を探していく。

うまくいっていることは何か？……ＡＩは、問題に着目することではなく、現在機能している事柄を発見することを求める。初めの時点でうまくいっていることに集中すると、しばしば単純に、つまずいている問題が消失していく。解決することはそうそうないかもしれないが、それほど重要ではなくなるのだ。

可能なことは何か？……往々にして、我々は問題について不平を述べることに多くの時間を費やす。うまくいっていない事柄に焦点を当てると、不平不満のセッションとなり、それは皆のエネルギーを奪い、何の変革も生まない。代わりに、可能なことは何か？　という問いを立てるなら、想像力が促され、より広いところからアイデアや機会を招き入れることができる。

▼**どこに「イエス」の導火線があるか？**……これはとても興味深い問いである！　誰かに、どんな事柄に「イエス」と言う用意があるかをただ聞くだけで、システムにエネルギーがもたらされる。我々はよくたくさんの「ノー」に引っかかってしまう。そこに大きな労力を割くことは前を見ることを不可能にする。

▼**どんな解決の誕生が待たれているのか？**……AIダイアログの中心にあるものを感知することで、生まれようとしているものが視野の隅に見えてくる。

ペアによるAIの時間は、往々にして実践者の頭と心を開放する。それまで見えていなかった事柄が発見できるようになる。AIの対話への集中は、思考、情報、知識、体験を浮かび上がらせるのだ。それらはフューチャーセッションのさまざまな場面で活用できる。

ワールド・カフェ

ワールド・カフェは、アニータ・ブラウン(24)、デイビッド・アイザックス著『ワールド・カフェ――カフェ的会話が未来を創る』（ヒューマンバリュー、二〇〇七年）が翻訳されて以来、日本でもきわめてポピュラーになっている。なぜだろう？　ワールド・カフェは、場の中にある知識や知恵といったものを自然かつ容易に可視化する方法なのである。それは、ある特定の話題について多数の人々がどのように考えているのかを、迅速に教えてくれる。ワールド・カフェについてはウェブサイト（www.theworldcafe.com）に多くの情報がある。

フューチャーセッションではワールド・カフェを頻繁に利用する。ワールド・カフェによってシステム全体の持つ知識と知恵とに即座にアクセスできるからだ。皆さんも経験したことがあるかもしれない。部屋には小さなテーブルの周りに四つの椅子が用意されている。テーブルの上にはメモや落書きのための紙、いろいろなカラーマーカー、時には粘土が置いてある。参加者は好きな席に座る。

多くの場合、二〇〜三〇分のセッションを複数回行う。続いてそれぞれのテーブルの洞察を「収穫」し、部屋全体で分かち合う。たいてい主催者は二人一組で、探求する課題に深くコミットし、場に完全に存在する。主催者自身のプレゼンス（存在）が対話への誘いとなるのである。

ワールド・カフェの運営の原則がいくつかある。

［運営原則］

▼**居心地の良い場をつくる**……ワールド・カフェのために準備された部屋に入ると人は、すぐに特別な場に入ったことがわかる！　照明は少し落とされている。椅子が四つ、小テーブルを囲んでいる。テーブルは部屋全体に均等な間隔で置かれている。チェック柄のテーブルクロスが敷かれているかもしれない。花が活けられていることもある。図や絵を描いたりメモを取ったりする

ための紙とカラーマーカーが、テーブル上に配されている。粘土など他の小道具が備わっていることもある。トーキング・オブジェクトもあるかもしれない。発言者はそれを持って話す。他の人は聞く。部屋には引きつけられる空気があり、好奇心をそそる。

もちろん、そこまできちんと用意できないこともある。それでも常に、自分たちが持っているもので居心地の良い場を、つまり人が歓迎されていると感じ会話に誘われる場を作ろう。時にはテーブルなしのワールド・カフェもある。また描画用の紙やマーカーがないこともある。しかし常に、人を歓迎する場は創れる。その場が、互いに耳を傾け真実の言葉を語ることを誘うのである。

▼**重要な問いを探求する**……ワールド・カフェは大きな問いについて開催される。参加者を深い体験や自身の夢へ誘うような問いだ。「以前の日本では不可能だったが今では可能なことは何か?」といった、パワフルな問いだ。また、「本当の変化がここに起き得るには、何が起こることが必要だろうか?」といったものもそうかもしれない。

パワフルな問いとは、答える前に我々を立ち止まらせ、熟慮を求めるものだ。そうした問いには、我々をその部屋に招き入れ真実を語らずにはいられなくする力がある。

▼**一人ひとりの貢献を奨励する**……ワールド・カフェの参加者は、自身の見方を分かち合うことと、他者の思うところや貢献を聞かせてもらうこと、その両方を望むことになる。ファシリテーターは一人ではない。参加者一人ひとりが、まだ聞こえていない声を対話に招き入れたいと意識すべきだ。しばしばトーキング・オブジェクトは皆が話すことを促す役に立つ。このアイデアは単純

である――それを持っている人が話して、他の人は傾聴する。ワールド・カフェでは沈黙も奨励される。場を深める「間」をつくるために。

▼**多様な人々と考えをつなげる**……セッションでは常に、参加者それぞれが提供する洞察や経験の間のつながりを探求する。図や絵は文字通り、対話の中で見えてきたつながりを示す一つの方法となる。一枚の紙の上につながりが見えると、それらはよりリアルなものとなる。ワールド・カフェの対話では、システム全体をより目に見えるようにするため、互いの経験をつなげていくのである。

▼**パターン・洞察・より深い問いに共に耳を傾ける**……注意深く見守っていると、こうしたつながりができてくるに従い、パターンなどが見えてくる。立ち止まって対話にじっと耳を傾けると、新しい洞察やより深い問いが、対話の中から浮上してくる。ワールド・カフェの隠れた宝物だ。この宝物を、我々は求めているのだ。

▼**集合知を可視化する**……ワールド・カフェの対話ではいつも終わりに、場に潜在する知識をはっきりと可視化する。それが次のステップをガイドしてくれるからだ！

［どのように進行するか］

この「魔法《マジック》」はどのように起こるのか？　実際それはまったくシンプルなもので、既述の運営原則に、その精神が表れている。カフェ形式を創るステップも、いくつかある。

1 **四人の人がくつろげる対話空間にする**……四人が上限のようだ。多過ぎると自発的な進行が難しくなる。少な過ぎると経験の多様性が足りない。

2 **一回のラウンドは一五〜三〇分**……カフェは考えや可能性を浮上させ、つなげてくれる。しかし一般には、真に深い会話を長時間する場としては最上ではない。誰もが関心を持っている事柄は（前出の）サークルで、また、特定のトピックについて深く掘り下げたいときには少人数で行うオープンスペース（後述）で行うとよい。

3 **テーブルホスト（司会者）が次のラウンドへつなぐ**……ラウンドが完了したら、テーブルに残る人（テーブルホスト）を一人選ぶ。他の人は新しいテーブルに移動する。テーブルホストは、先のテーブルで語られたことを短くまとめて紹介し、次のカフェラウンドを始める。他のテーブルにおける前ラウンドで得られた洞察を、皆に共有してもらう。

4 **問い――新しい場合、継続の場合**……二回目以降のラウンドでは、新しい問いが扱われることもあるし、前の問いを引き継ぐ場合もある。どの問いを扱うか、主催者が素早く判断することになる。まだ表面化していない問いはここにあるだろうか？　同じ問いを異なるグループ構成員で引き続き対話することが、より深い洞察を生み出すだろうか？　それとも、異なる方向から新しい問いを立てるべき時なのか？　ただ一つの正解はない。

5 **全体を可視化する**……各ラウンドから「収穫」する。「対話を通してあなたは何に気づきつつありますか?」という問いに答えるのだ。収穫を部屋全体で共有することが重要だ。個々のテーブルから人を集めると早くできることもある。また、休憩を取ってから、心にある一番重要な考えを付箋に書いて前方に貼り出してもらう手もある。多様な洞察が集められると、全体で新たなダイアログが始まることさえある。

6　**カフェは終わるときに終わる！**……ワールド・カフェのセッションは、コミュニティをより深い取り組みに進ませる。セッションは終了しても、取り組みは未完成だ。フューチャーセッションの活動をさらに先へ進めよう。

オープン・スペース・テクノロジー（OST）

オープン・スペース・テクノロジー[25]（OST）は、関心を寄せている課題について、深く、創造的に取り組みたい人々のための「時間と場《スペース》」である。それは有益でかみ合った会話を触発するシンプルかつパワフルな方法であり、変化の激しい時代における成功へと組織を誘う。それは組織やコミュニティにとって重大な課題を見極め、課題に取り組む情熱と関心とを表明し、互いに学び合い、そうして、適切な頃合いで、全体で取りまとめ解決を見出すプロセスである。

OSTは、戦略的な方向設定、未来想定、紛争解決、士気の向上、利害関係者との協議、コミュニティ計画、コラボレーション、課題や見方に関する深い学びなど、ほとんどどんな文脈でも使うことができる。

またOSTは、これまでに紹介した他の方法と組み合わせて用いることで、当事者が真に心に抱く関心事を話す助けとなる。この会合形式は、次のような要素のある場であればいつでも力を発揮する。

▼**切実な関心と重要性のある課題**……トピックが、参加者にとって切実に関心のある事柄――当事者がまさにその時点で話したいと願っている話題である。

▼**参加者の多様性**……OSTは他の方法と同様、多様性に依拠する。異なる考えや経験、見方を持つ人たちが、それぞれの見地から新しい解決方法に貢献しようと考えて、対話の場に参加する。

▼**要素の複雑性**……トピックは、しばしば複雑で重層的である。だが、参加するのはその話題に真に関心を持つ人々だ。だからこそ、複雑性を避けるよりも解決する取り組みができる。

▼**葛藤も含む情熱の表れ**……誰しも、問いや心配事で眠れなくなることがある。そのように自分にまとわりつく課題を片づけられる場所はなかなかない。OSTは心に最も引っかかる事柄について、対話の場を提供してくれる。

［どのように進めるか］

僕たちのフューチャーセッションでは、対話のプロセスの半ばでOSTを使うことが多い。それまでにサークルで、全体のコミュニティと出会う時間を過ごしている。ワールド・カフェで、場にある知識と体験を浮上させる時間を過ごしている。二人か三人で、コミュニティ全体にとって重要な問いをめぐり、深く掘り下げる時間を過ごした。ここまでで参加者はさらに深く潜っていく用意ができている。それからOSTにより特定の課題を深く探求する。

1　デザインチームは時間管理を担当する。ＯＳＴ、マーケットプレイス、[＊]セッション、そして収穫について説明する時間を設定する。

2　オープン・スペースのセッションの始まりは、しばしばちょっとしたドラマだ。参加者は輪になって座っている。輪の中央には紙とマーカーが置かれている。司会者は、人々のエネルギーや情熱を場の中に招集する。そして全体のテーマをアナウンスして開始する。この段階で一緒に共有したいことがいろいろある。まず後に解説するオープン・スペースの原則、役割とルールを説明する。そして時間配分を説明する。典型的なやり方として、壁には表（**図９－５**）が貼られている。表の先頭行はセッションの場所を示す。通常、一〇人の集まりごとに一ヶ所である。左端の列は各セッションの開始時間。表は空白である。参加者が前に出てそれぞれのテーマトピックを書き込むようになっている。ＯＳＴを説明した後で司会者は、全員に前に出てきて表上の時間と場所を選択し、

図 9-5

	1 窓側のテーブル	2 フロアの上	3 隣の部屋	4 2 階の部屋	5 ダイニングルーム
10:00 -11:30					
11:30 -13:00					
14:00 -15:30					

トピックを書き込み、名前を記入するように求める。

しばしば空白はそのままで、目に見えることはしばらく何も起こらない。参加者は空気を読みながら考えているのだ。何を提起しよう？ と。逆に、参加者が直ちに前に出てきて、情熱を持つトピックを提起して空白がすぐに埋まることもある。司会者の仕事は、落ち着いて招待している雰囲気を保ち、空白を残しておくことだ。時には少し挑発的なことを言うこともある、たとえば次のように問う。「今夜、ああオープン・スペースに持っていく勇気があったら良かったのに、と思って眼が覚めてしまうような問いは何だろう？」

参加者はやがて前に出てきて、表が埋まるだろう。我慢強く、オープン・スペースの目的について明確な意図を保持しよう。

3　オープン・スペースのセッション時間はいろいろある。短い時間で複数回開催するときもあるし、一五分の場合もあるし、より濃い機会を提供したいなら一時間やそれ以上のセッションを企画することもある。コミュニティにとって今できる最高の対話の深度はどの程度か。自身の感覚に従って、許される範囲の時間配分をしよう。

表が埋まってくる。表の上部の会場が足りなくなると、自分のトピックのためのミーティング

＊　マーケットプレイスとは本来、買い手と売り手が自由に参加できる取引市場のことだが、ここではテーマを公開して参加者を募ることを意味する。

場所を書き加える人もいる。提起したものとよく似たセッションを誰かが発案しているのに気づき、合同での実施を提案する人もいる。複雑になり過ぎることには気をつけよう。セッションの起案は前に出た人たちに任せよう。トピックの交渉には入らないように！

記入した人には白い紙とマーカーを持って戻ってもらう。このとき、このあと全体コミュニティでワークを共有し収穫する方法について、きちんと説明しよう。

4　各セッションの収穫には、シンプルな一枚の紙を使用することが多い。紙には、「鍵となる洞察」「複雑なこと」「次のステップ」「参加者」といった、シンプルなカテゴリーが記入される。セッションの終わりに当たる収穫は、完全なレポートを求めるものではない。すべての参加者が、他のトピックで出ていた事柄の感じをつかめる程度の情報を、各セッションからフィードバックしてもらう。一つか二つのセッション後は、参加者は再び輪になって、収穫を共有する。明確で簡潔な洞察が共有されるよう促そう。

［オープン・スペースの原則、役割、法則］

オープン・スペースは四つの原則、四つの役割、そして一つの法則で運営される。

以下が四つの原則である。

1　**誰であれ、適切な参加者《ライト・ピープル》である**……プロセスを信じよう。オープン・スペースのセッションを提起するにあたり、「タロウに来てほしい」などと思うかもしれない。しかしタロウは来ず、別のところに行ってしまったとしよう。その場合、皆さんのセッションに現れた人たちこそがそのトピックに真に関心のある人たちである。彼らがその場に必要な創造性と洞察を持っている。その人たちとワークしよう！　たった一人だけが来る場合もあるが、それもすばらしい贈り物だ。持ち時間は一五分、もしくは一時間。皆さん自身が考えていることが真に明白になる、静かなひとときだ。

2　**何であれ、起こるべくして起こる唯一の出来事である**……今一度、プロセスを信じよう。何が起ころうと、まさにそれが起こるべきだったことである。他のことが起こったはずだということはない。大切な課題について良い対話をした。だから、皆さんも他の参加者も、洞察と明瞭さを持って帰っていく。

3　**いつであれ、始まったときが始まるべきときである**……ただ対話を始めよう。人々がやってくる。互いに向き合う。そして、大切な事柄について話し始める。他に必要なものはない。

4　**いつであれ、終わるときに終わる**……一時間かかるだろうと思っていた対話が一五分で完了することもある。重要課題が提起され、そして収束したのなら、対話は完結だ。すばらしいではないか——他のセッションに参加することができるだろう。配分時間があっという間に過ぎても、議論することがまだまだ残っていることもある。続きをいつ行うか参加者と話し合おう。

以下が四つの役割である。

▼**招集者**……セッションを提案する人。招集者が全体のプロセスを始める。心から関心を持つ事柄についてセッションの提案をする。そこに人が集まる。

▼**参加者**……人が集まる。切実さをもって。その人たちは自身が心から関心を持つセッションに入ってくるし、貢献できると信じている。

▼**バタフライ（飛び回る人）**……入るセッションを選べない人も出てくる。その人たちには少し静かな時間が必要だ。その場をそっと離れる。蝶のように美しく。二、三あるいはもっとたくさんの蝶たちが集まって、彼らが話し始めると、新しいセッションの誕生だ。

▼**ブンブン蜂**……音をたてて飛び回る蜂になる人もいる。彼らは複数のトピックに関心があり、そのすべての対話に参加したい。セッションからセッションへと移り、たいてい前のセッションで聞いた考えを共有してくれる。本物の蜂のように、あちこちで「授粉」をして、場全体の富と知恵に付け加えてくれる。そういう参加者である。場の中の考えをリアルタイムでつなぐ人たちである。

以下が一つの法則である。

▼**可動性の法則**……もし、自分自身があまり貢献も学びもできていない状況であるなら、できる場所に移動しよう。これは本当に重要なことである。時に我々は品よく座って、頷いてみたり、対話に貢献しようと試みたりするが、しかし真の意味でそこに存在してはいない。話されていることについてあまり関心を持てておらず、心はどこか他のところにある。こういうときは勇気を出そう。身を引いて、どこか別の所へ行こう！　我々は時に、グループを抜けるのは礼儀に反すると考えがちである。実際は、本当にはそこに存在していないのに留まるのはもっと失礼である。己の情熱に従おう。自身のエネルギーを見出そう。皆さんの貴重な時間なのだ。健全に使おう！

オープン・スペースはシンプルですばらしい。役に立つ。人々が自分の真に関心を持つところに集まって、新しい集合的洞察や知識、知恵を生み出すのだ。参加してみれば皆さんは、「飲み会」に適切な合理性と明瞭さを加えて、互いに心から関心を持っている事柄について昼間の間に話し合うようなもの、と言うかもしれない！

プロアクション・カフェ

近年、世界中で人々が、場において慎重に物事を探究するためのさまざまな方法を試みてきた。僕自身はプロアクション・カフェという方法をよく用いている。これはワールド・カフェとＯＳＴ

の特徴をブレンドしたもので、参加者が特定のトピックを深め、明快に理解することができる。

プロアクション・カフェは、多くの場合、さまざまな対話イベントの最後に開催される。参加者は日常に戻る準備をしつつ、自分にとって重要なことを今後どう展開するか、それを明確にしたいと思っている。たくさんのセッションの後——サークル、ワールド・カフェ、AI、OST——今、参加者は、それぞれの次のステップの展望を得るために、今日のコミュニティの知識や知恵を用いる用意ができている。すでにたくさんの人たちと話をし、場に集う人たちの間に信頼が芽生えている。

プロアクション・カフェは、セッションの発案者に深い示唆をもたらすことを意図した、非常に厳密な枠組みを持つ。それは、OSTおよびワールド・カフェ両方の原則とガイドラインに従う。

［どのように進めるか］

1　場に参加している人々の数を数える。その数を四で割る。これが、実施するカフェの個別テーブル数である。つまり、四〇人が集まっている場合にはテーブル数は一〇となる。

2　輪になって始める。オープン・スペースで使うような表を作成する。だが場所を追加して表が拡大することはない。

3　オープン・スペースのように、参加者は前に出てトピックを発表し、開催場所を書き込む。プロアクション・カフェは通常三ラウンドあり、テーブルとトピックは各回同じで、参加者が毎回異なる。セッション提案者が引き続きその場を主催する。

4　プロアクション・カフェの実施時間は多くの場合、二〜三時間である。典型的スケジュールは以下のようなものだ。

20分　説明とマーケットプレイス
30分　セッション①
10分　テーブルホストの振り返りの時間
30分　セッション②
10分　テーブルホストの振り返りの時間
30分　セッション③
10分　テーブルホストの振り返りの時間
30分　全体での収穫

提案者であるテーブルホストは、自らの問いと共に三回とも同じテーブルに留まる。参加者は、各回異なるテーブルに移る。

各ラウンドの間には、参加者には一〇分の休憩があり、その間は部屋を退出する。場は静かなものとなる。この間にテーブルホストは、語られたことをまとめ、参加者の考えを記録し、組み立てる時間を取る。

プロアクション・カフェでは各ラウンドで焦点が変わる。典型的には以下のような流れとなる。

1　**問いを推移させる**……提案者がカフェに問いを投げかける――提案者にとってとても重要な問いを。通常、一回目は問いの背景にある問いを探ることとなる。提起された最初の問いは、まだ究極の問いではないかもしれない、各参加者はテーブルホストを刺激する。そうして、提起された問いのさらに深い意味を参加者は見出していく。

2　**足りないものを探求する**……問いが一回目で洗練される。その全体像をより完成に近づけるものは何かを探究する。まだ問われていない質問は何だろう？　まだ考慮されていない視点、選択肢は何だろう？

3　**学びを行動段階へつなぐ**……三回目では、テーブルホストは参加者と学んだことを分かち合う。参加者たちは質問し、挑戦し、考察や見方を提示する。ホストは次のステップで行うことを明示する。

プロアクション・カフェは、サークルでの収穫をもって終了する。各テーブルホストは、少なくとも自分のテーブルで起きたことと、そこから持ち帰るものは何かを、分かち合う。時間が許せば、誰でも自身のカフェ体験を共有できる。

デザインチームが問いや進行を提案することもある。もちろん、それはテーブルホストがその場にある知見を見極め活用できるようにすることを意図したもので、かつ三ラウンドの場を形作るパワフルな問いを提起するものでなければならない。

この章で見てきたのは、驚くべき場を創出するための方法のごく一部だ。細かなディレクションを示してきたが、そのエッセンスはシンプルだ。良い場を創造すること。場に生じていることに注意を向けよう。参加者が互いに好奇心を持ち、丁寧に、耳を傾け合い、気遣い合うことを奨励するような条件《コンディション》を創ろう。

その上で、方法論にとらわれないでほしい。それらはただ便利な道具《ツール》に過ぎない。ある特定の状況において誰かが対処法として作ったのだ。そして何度も練習をして、うまく使えるようになったわけだ。便利だし役に立つが、方法論に皆さん自身の心が奪われてはならない。場に生じていることに気づいていよう。エネルギー、感動、悲しみといった気分に心を向けていよう。場が活き活きとする時、死んでしまう時を意識していよう。そして、「今ここで何が本当に起きているのか？」と踏み込んで問いかけるのを怖れないでほしい。自分が不安を感じるときにも、そのことを自覚していよう。何を感じ取っているのか？　内側で何が起きていて、場で起きていることについてどのような貴重な洞察が得られるだろうか？　自分自身を静めて、隣にいる誰かと、感じていることについて話してみよう。そしてもちろん、いつも楽しむことを忘れないでほしい。我々は真剣で、大切な仕事をしている。それを楽しむことが、とても大切だ。

10

What is Next?

次は何か

驚くべき旅《ジャーニー》をしてきた。とても特別な経験で、ありがたく思っている。三・一一以後の僕の世界観に、根本的な質的変異が起こったとは思わない。第五章で紹介した話の人々と同じように。しかし、未来について深い不確実性を感じながらも、今はもっと明瞭になったとも感じる。

我々は大きな変容の真ん中にいる、と僕は直感している。第八章にあるループ図が、僕の中にある。その章で紹介したカネヴィン・フレームワークにも、何度も立ち返る。それは我々の時代の、時として圧倒的な混沌に足元をすくわれないように助けてくれる。

これは単に僕の物語《ストーリー》だ。それはわかっている。一個人の見え方に過ぎないし、我々が生きる時代の一つの解釈だ。安倍晋三首相ならばまた僕と違った物語を見るだろう。オバマ大統領も。あなたの物語は？　あなたは何を見るだろう？

朝目覚めたとき、また夜ベッドに入るとき、あなたは自分自身にどんな話をするだろうか？　あなたの人生、我々の人生から。親や子どもやパートナーにどんな物語を語るだろうか？

災害が我々を目覚めさせた。命を失った人もいる。多くの人の資産が破壊された。我々の頭を横から殴りつけ、我々の目を見開かせ、個人はもちろん世界の物語を見つめさせた。日本、そのきわめて集合的な文化では、この目覚めは個人的であるとともに拡散するものでもある。

目覚めるために、我々には災害が必要なのか？　自分たちが生きる物語をきちんと見つめるために災害が必要なのか？　ノー。必要ない。だが、それが起こったからには、どう使うかを学ぼう。これからも起こるだろう。人間は地球環境を十二分に破壊してしまった。気候変動がもたらす災害がさらに襲ってくるだろう。すでにそうなりつつある。加えて、保健医療、教育、交通インフラといった広範囲のシステムや構造の多くは、疲弊し、過重負担となっており、崩壊しかけている。

今後も我々は、災害のたびに崩壊に瀕する諸システムの、真ん中に立ち尽くすのだろう。救助と非常事態の期間が長引き、反動から立ち上がるのにかかる期間が延びるだろう。もうそうなりつつあるのだ。未来のこんな側面に、我々は慣れていくのかもしれない。だからこそ、僕には、こう考えるのが妥当だと思われる——災害をスプリングボードと考えるのだ。我々が本当に願う未来を創造するのに使うための。

我々には皆、歩くべき長い道がある。未来は、それがどのようなものであろうと、一日や一週間、あるいは一〇年では生まれない。我々は変革の途上にあるのだと僕は確信している。そのなかで僕は、変革のマスコットとしての「蝶」の幻想を持たないように自分に言い聞かせている。今世紀の初めにジンバブエで活動をしていたとき、僕は明瞭に認識するようになった。崩壊とは、作ったときの逆をたどって順に起きるものではない。つまり、すべてが無に帰するわけではない。壊れるものもあれば、壊れないものもある。状況によるのだ。原始的な混沌とした土壌に現れる美しい蝶には、何か非常にロマンチックなものがあるが、変革はそのようなものではない。

僕には別の物語がある。社会変革は突如幼虫が蝶に変容するように起こるのではなく、土臭い庭先で始まるようなことだと思っている。変革とは生易しくはない仕事だ。喜びにもなり得るが、なすべきことがたくさんある。土壌が耕されなければならない。どんな計画が相互にうまく作用するかについて、かなりの下調べが必要である。種をまかなくてはならない。土壌は適合している必要があるし、水が引かれ、苗には栄養が必要だ。雑草を引き抜かなければならない。苗を間引きして調えなければならない。そのようにして徐々に美しいものが、食することのできるものが現れ出る。それが刈り取られ、調理されて、何らかのかたちで食される。そうして堆肥となり畑に返される。

僕にとっては、そういうものが変容だ。意図、ハードワーク、豊穣、循環。また長い道に還る。あなたには選択権がある。あなたは新しい何かを創造するという、深い人間性に根ざした力を持っている。本当に、あなた次第なのだ。この本の中の物語は、誰かがどのようにその人生を変容させていったかを例示している。災害がそのための場と変化の必要性を創った。あなたは、今、変化することができる。あなたの人生であれ、あなたの属するコミュニティの何かであれ、変えるということは本当にまったくもって、一人でやり遂げることは難しい。だからこそコミュニティがある。この本が、そういうコミュニティをどのように求め、見つけ、形作って、なすべきことを共にやっていくのかについて、何らかの鍵を提供することを願っている。

僕は、日本各地で「新しい日本」が生まれつつあると、信じている。特に福島や三陸沿岸で。その二つの地域では旧い日常《オールド・ノーマル》は消滅した。戻るすべもない。日本でもその他の地域では、(従来の)経済的成長を最大限に追求することは可能だとするような幻想が、もう少し長らえるかもしれない。

その人々は今しばらくの間、経済成長イコール幸福と信じていられるかもしれない。もはや存在しなくなっていく仕事に就くために、子どもを痛めつける教育システムを相変わらず支持する人々もいるだろう。しかし、至る所で人々は目覚めつつあって、これまでとは違う未来を求めている。新しい物語《ストーリー》が求められている。この本がもしかしたら、そのための手助けとなるかもしれない。あなたが新しい物語を創造していく自信を、そして始める自信を見出すための。

僕自身の関心は今、北アメリカに戻りつつある。これからもできる限りの方法で日本をサポートしていくつもりだ。しかし、フューチャーセッションや他のコラボレーションの機会を僕が企画したり主宰したりするよりも、他の人の方がもっと良い仕事ができるだろう。この人生で、僕の日本語はこれ以上には上達しそうにないし！　今後も、石巻のフューチャーセンター「こはく」の仕事はできる限りサポートするつもりだ。彼らは東北におけるフューチャーセッションの活用をどんどん拡げていくだろう。同じように、野村恭彦さんと株式会社フューチャーセッションズの仕事も、日本中どこで行われるものについてもできる限りサポートするつもりだ。新しい未来を創造するためには、特別な場が必要だ。

また、ＥＴＩＣ．および関係者が行っている、僕たちに必要な学びのための新しい社会的仕組みを発展させる取り組みもサポートするつもりだ。誰も、この変革という仕事の長い道のりにおいて必要な知識も、情報も、スキルも持ち合わせてはいない。学びのための新しい仕組みが必要なのだ。自分自身の経験から学ぶためにもっと時間をかけることができる仕組みだ。互いの経験から学んだことを語り合うことや、自分たちが属するシステムの外にいる、特定分野の知識や洞察を持つ人々と相互交流したりすることを可能にするものだ。僕は、欧州、アフリカ、北アメリカで同様の探求に関わっている。今はそういう時代である。

またもちろん、すばらしい福島の人々をできる限りサポートしていく。僕はこの地域と特別な関係を持っている。行くことによって僕は、ここの人々が創造したいと願う物語へと前進するために必要な自信を得ることに役立てるように思えるのだ。

さらにまた、この本の結果として発展するどのような機会にも真摯に取り組みたい。日本の未来の鍵とは、福島および沿岸部で起きることにかかっていると思う。それと同じく、日本に起こることは世界全体にとって重大なことだと確信している。自分で立ち上がり、そして一緒に立っている。互いに見守り合って。新しい未来を築くには、我々一人ひとりが、つまり我々のすべてが必要なのだと知ったことが、三重の災害の結果として、多くの日本の方々が得た学びではないだろうか。

僕は自分の祖国と文化に注意を戻し、より集中していく時を迎えている。北アメリカでも新しい物語が出現している。人々は力を合わせ、コミュニティを再生しようとしている。それは、健やかに、力強く、しなやかに成長している。その仕事はなかなか表に出ないものだ。こうした努力に従事する人たちの声は、論争好きで怖れに満ちた文化による大げさな声や辛辣な声でもみ消されがちだ。だが、これらの新しい物語は存在している。そして大きくなるだろう。

二〇〇〇年に僕が設立したＮＰＯ、ニュー・ストーリーズが引き続き、今後も僕の活動拠点である。ウェブサイト（www.newstories.org）を訪問してほしい。そして特に、日本のページを見てほしい。

本書を補完する他の資料がある。日本における僕の今後の活動情報もここにある。フェイスブック、リンクトイン、ツイッター上のつながりも歓迎する。僕の名前を検索すれば出てくるだろう。

この旅《ジャーニー》を僕と歩んでくれた読者の皆さんに心から感謝を申し上げる。英気と勇気をいただいた。僕は次のステップに進む時が来た。あなたの旅にも多くの幸運がありますことを。

パワフル・クエスチョン

ボブ・スティルガー、野村恭彦

本書の物語やアイデアが、皆さん自身の人生と皆さんが望む未来について考えるヒントになることを、心から願っている。未来は、共に創造するものという考えを、この本からご理解いただけると思う。それは対話によって創られる。そして対話は、強力な問い（パワフル・クエスチョン）を共有する時に起こってくる。

この本を読まれた方に、小さな実験の試みをお奨めしたい。友人や近隣の人、同僚の方々と、皆さんにとって大切な事を語り合うミニ・フューチャーセッションを開いてみてほしい。とっかかりとして、下記に問いの例を示している――適宜、手を加えアレンジして使ってほしい。第九章で説明した対話の方法が参考になるはずだ。

日本中で、世界中で、新しい社会が生まれつつある。人々は前に進み出て、人生やコミュニティ、仕事において何が大切な事なのか、問いかけている。世界をより良い場所にするために、互いに耳を傾け、新しい協働やパートナーシップを形成している。興味のある方はぜひ参加されてはどうだろう？　自分自身や他者に、本当に大切なことについて問いかけをしてはどうだろう？

好奇心を持つことをおすすめしたい。問いについて行く。問いを深める。折々ひょいと答えが浮かぶかもしれない。それでも一番大切なことは、問いに寄り添い続けることだ。思考（頭）、感情（心）、意志を開いて。

最初に、問いかけ集を例示している。それぞれ背景を付している。最初のセクションは、自分自身について考えを促す問いかけを集めてある。二つめは、皆さんのコミュニティや職場に関する問いかけである。三つめは、日本の社会に視点を向けている。スケールに段階を設けて唐辛子の数で示している。マイルドなものからスタートしてもいいが、最高の辛さまでおのおのぜひ取り組んでいただきたい！

併せて、これらの問いかけに人を集めるための方法も、いろいろ提示している。

A　自分自身を考える

1　三・一一以来、自分自身の生活でどんな変化に気づいていますか？　以前よりもっと注意を払っているものは何でしょうか？　あまり注意を払わなくなったことは何でしょうか？

地震、津波、放射能という震災が東北を直撃した。日本中でそれ以来、たくさんの人々が、自分自身や未来についての考え方が変わったと語る。あなた自身の世界の見方はどのように変わったか？　あなたの関心を引いているものは何だろうか？

2　あなたが人生で達成することを決して諦めないであろうことは何でしょうか？

私たちは時にあまり考えずに日々を生きている。毎日同じルーティンを繰り返している。そのちょっと外に出て休暇を計画したりするかもしれない。しかし、たいていは自分自身と会話をしていない。私たちが本当に大事にしている事について誰か他の人に話してもらっているのだ。どうしてしないのか？（してもいいではないか）

三・一一は、東北の人々が人生で本当に大切な事について互いに語り合う契機となった。あなたも、今、そういう会話のための空間を持ってはどうだろう。この質問に正しい答えはない！　問うことで、多くの異なる可能性が目に見えてくる。

3　あなたの家族の生活の質を向上させるものは何でしょうか？

私たちはたいてい生活の中で何を変える必要があるかを知っている。でも、時に言葉にするのを怖れている。自分自身知らないフリをする。

一見、実現不可能だとしても大きい夢を持つこと、それ自体は簡単だ――「仕事を辞めて田舎に引っ越すつもりだ」など。でも、より大切な問題は「そのために次に取るべき、エレガントで最小限のステップは何だろうか？」というところである。別の言葉で言うと、「どうやって始めるか？」に尽きる。

4　あなたにとって不確実とは何を意味するでしょうか？

本書における前提条件の一つは、私たちは不確実な時代に生きている、ということである。時代は、旧い構造とパターンが消えゆき、新しいものが生まれつつある時である。

これは「どこかよそで」起きている事柄ではない。私たちそれぞれの人生で起きていることなのである。私たちが頼りにしているものが消えゆき、私たちには分からない新しいものが現れつつあるのだ！

5　あなたにとって成功の指標とは何でしょうか？　物事がうまくいっていることとそうでないことを、どのように見分けていますか？

震災後、石巻市の魚介加工製造工場の社長さんが言っていた。震災前、彼は無意識に、子どもたちをよい学校に通わせ、すてきなキッチン用品を揃え、車を所有していれば、人生は成功だと考えていた。それが良い人生を送っていることを意味していた。だが今はそうではない、新しい指標を見出しつつあるという。

この変化の時代にあって、私たちには羅針盤となる新しい指標が必要だ。自分が向かいたいところへ進んでいるかを知るために。

あなたのそれは何だろうか？　あなたの指標となるものは？

たとえば「私は家族との時間を以前より多く取っている」だったり、「収入が減るとしても、自分が本当に好きな仕事を見つけるために生活費を節約できている」などというものかもしれない。

6　あなたの人生で辞めなければならないことはありますか？　もはやあなたに必要のない、手

放せるものは何でしょうか？

時に、（人生において）新しいものが生まれるためには、私たちはもはや自分の役に立っていない事柄を手放すことが必要である。それはものの考え方や、現在の仕事や個人的な人間関係かもしれない。あなたをもはや本当には支援していないものであなたがしがみついているものは何だろうか？

B　コミュニティや職場について考える

7　何があなたのビジネスをより持続可能で底力のあるものにするでしょうか？

私たちの多くは、自分の仕事をどうすればもっと改善できるかアイデアを持っている。しかし時に、自分の考えに自信が持てていない、あるいは漠然としていることもある。他者とそれについて話したりして共有することで、新しい可能性が出現し始める。

あなたの最高にワイルドなアイデアは何だろうか？

8　あなたの仕事が社会に向けて発信できる社会的課題は何でしょうか？

日本ではなお、ビジネスは地域コミュニティの一部である。ビジネス界も、社会的目的を持つことがそれ自身の健全さや社会福祉的観点からも必須であることに気づいている。会社は地域コミュニティの異なるセクターの人たちと対話を持つことにより、それ自身を再創造しながら、一緒に創ることができるものを見出していける。
あなたならどこから始めるだろうか？

9　あなたのコミュニティにおいて、以前は不可能で今は可能なことは何でしょうか？

常に変化する時代を私たちは生きている。しばしば人は「良くないこと」ばかり見てしまう――自分たちの気に入らない変化だけに目が向く。あなたの注意を、新しい展開や新しい可能性の方に向けるとき、何が起こるだろうか？　何が生まれることを待っているだろうか？　あなたの視点や直観では何が見えるだろうか？

10　あなた自身が、あなたのコミュニティを良くする支援をしていると想像したとき、「良い」とはどんなものでしょうか？　あなたの成功の指標は何でしょうか？

時に、現状に不満足で変化を望むけれども、どんな変化がほしいのか分からないことがある。道の前方を見出す一つの方法は、互いに対話を通して鍵となる成功の指標を定めることである。指標は非常に幅広い。「お年寄りがもっと笑顔になること」だったり、「子どもの肥満を一〇%減少させる」のように特化したものもある。

あなたが構築を支援したい、より良いコミュニティの指標は何だろうか？

11　あなたのコミュニティにおいて真に暮らし方を改善したいとしたら、どこから手をつけたら

良いでしょうか？　次のエレガントで最小限のステップは何でしょうか？

震災から生まれた「道しるべ」の一つ——今始めよう、できるところから始めよう——を思い出してほしい。新しい未来を創るためにいろいろやってみる。互いに話して、アイデアを共有し、情報を集め、そして始める場所を見つける。一歩進み、立ち止まり、振り返ってみる。そしてまた一歩を進む。あなたのコミュニティにおいて、あなたはどこから始めるだろうか？

C　日本の社会を鑑みながら

12　他者がより幸福になっていくのをどんなところで気づくか、経験を共有してください。

ほとんどの人は人生において新しい一歩を踏み出した誰かを知っているだろう。旧いパターンを打ち破り、新しい形を創り出すために最初の一歩を踏み出した人たちだ。そうした人たちの多くは、より柔軟で底力を持つような暮らしの在り方を探している。そういう在り方は、私たちの人生が変化していくときにも無理が出てこないものである。

ここでの話は、どんな文脈で選んでもらってもかまわない——個人的な場面、ビジネス、あるいはコミュニティの中など。あなたはどんな話を知っているだろう？

13　日本の中で一番好きなの場所はどこですか？　そこにはどんな特質がありますか？

私たちの良い記憶や希望の多くは、好きな場所と一緒に「保管」されている。これらの場所のことを思い出したり人に話したりする時、私たちは解放感を覚える。自分自身に還ってきた感じがする。あなたにとって、日本の中で最も特別な場所はどこだろうか？

14　私たちが何か新しいチャレンジや変化に直面していると想像してください。そして、日本がそれを受け止められるぐらい今よりもっと創造的な場所になっていると想像してください。本当にそうなるためには、日本はどうなればいいでしょうか？

日本はすばらしい文化を持つ国である。そして私たちの世界は「大きく把握する」ことが大切な時代になってきている。大胆な問い、大きな夢を持つことが求められている。私たち自身がもっと創造的になるとしたら、日本はどうなるだろうか？

15　新しい成功の指標について考えてください。今までのものは脇に置いて――あなたが新しく創りたい指標はどのようなものですか？

既存の考え方からのためらい無しで、新しい未来を想像することができるだろうか？　一人では難しいかもしれない。一緒ならできる。眠りに落ちて、二五年後に目が覚めると想像してほしい。辺りを見回し、夢に見た社会がそこに本当にあるのを見出すのだ。それを語ってほしい！

16　日本の未来はどうなっていると思いますか？　あなたは、この二一世紀においてどんな日本であることを最も誇りに思うでしょうか？

日本は、新しい生活様式や社会を創るチャンスを持っている。日本にとって大きなチャンスであり、世界全体にとってもそうである。

立ち上がり、共に立っていよう。

17　私たちのほとんどは、人生を真に変化させた友人や隣人、親戚、あるいは有名人を知っています。彼らがどのように人生を変えたのか、その物語を共有してみてください。その話をあなたはどう感じていますか？

あなたが知っている周りの人ですでに人生を変化させている人たちの在りようを見てほしい。そのような変化は頻繁に起こっている。たいてい、それほど意識しなくても、そういう変化には気づくものだ。

そういった物語を他者と共有し、それをどう感じるかを体験するとき、何が（自分の中で）起こるだろうか？

18　子どもたちについて。私たちは、新しく生まれてくる世界に適うよう子どもたちを導いているでしょうか？　子どもたちの学びを支援するには何が最も重要だと思いますか？

私たちの現在の教育システムは、産業を中心とする経済の下、生涯雇用を前提とした労働者を教育するためにある。生涯雇用は、はるか昔の産物である。時代は今、ポスト産業経済の始まりに在るのである。

今、必要なものは何だろうか？

対話を主宰する

対話を主宰して強力な問いに人々を誘う方法はいろいろある。上述のような対話をどのように始めるかアイデアを少々提供しようと思う。第九章では、フューチャーセッションでよく使われるいくつかの対話の方法を示している。ここでは、それらの方法と併せて用いられる他の方法をいくつか紹介する。

非公式の会話

これらの問い――特に唐辛子一つのものは、非公式の会話の中でも簡単に使える。たとえば、夕食後、家族との会話の中で、あるいは仕事後の同僚との飲み会で。

会話の中で問いかけをするのはちょっと勇気が必要かもしれない――でもぜひ試してみて、何が起こるか確かめてみてほしい！

唐辛子🌶一つの問いを、もっと大きなグループで試してみたいかもしれない。一五人以下であればサークルの対話がいいだろう。それ以上なら、ペアになって互いに耳を傾ける形式で始めてはどうだろう。ペアでの収穫をしてから、部屋全体で分かち合う。それから、たとえばワールドカフェを数ラウンド行って問いを深めることができる。

物語を語る

パワフルな対話はしばしば物語を語ることから始まる。ペアや三人の組になり、問いに応じ一人が物語を分かち合い、他の人は聴く。ストーリーテリングは、対話やディスカッションではない事を覚えておこう。私たちは、その人が自分の物語を分かち合うための空間を創るのだ。

たとえば、三人でストーリーテリングの組となり、それぞれが人生で本当に幸福だったときの物語を分かち合ってもよい。

そうしたストーリーテリングの分かち合いの後、部屋全体で少し収穫をして、それからワールドカフェに移行することが多い。最初と二回目は、「あなたのこころが最も切望するものは何でしょうか?」という問いで。三回目は、「この夢が実現するためには何が必要でしょうか?」という問いで。

個人的に書く

いくつかの問いについては、少し静かな時間から始めたいと考える人もいるかもしれない。その問いに関していくつかの言葉で――エッセイではなく――皆に書いてもらおう。そして、参加人数によりペアか三人、またはサークルで、自分自身の言葉を分かち合ってもらおう。

対話の散歩

少人数の友人を、公園へのピクニックに誘ってみよう。互いにパートナーを選びペアとなって、提示された強力な問いについて話をしながら、公園内を一五分散歩する。戻ってきたら、サークルになって座りトーキング・オブジェクトを回しながら、ペアによる対話の間に浮かんできたアイデアや洞察を分かち合う。

粘土やマーカーで表現する

粘土彫塑は時に、言葉や思考を外界化することに役立つ。粘土をこねたり、あるいはただ一枚の紙にマーカーで何か描くだけでもよい。

皆に粘土か描画を提案し、問いへの反応をカタチにしてもらう。あまり深く考え過ぎず、手に任せるよう勇気づけ、問いについて自分自身が気づくことを示すように創ってもらおう。

これはペアで行うと良い。一人が、粘土かマーカーを用いて問いに対する反応をカタチにする。その作業の中で互いに、何がカタチになりつつあるのかを説明する。

謝辞

この本を実現するため実にたくさんの方々が寄り添ってくれた。一人ひとりの名前を挙げることもできないほどである。まずもちろん、地震・津波・放射能の三重苦の災害以後、僕が日本で出会った何千人もの人たちの途方もない優しさに心打たれており、頭を垂れる気持ちである。新しい物語に気づき、次のステップを見出す「場」を、皆さんが分かち合ってくれたことを深く光栄に感じている。

もちろん日本の外からも、共に寄り添ってくれた人たちがいる。僕のＮＰＯ、ニュー・ストーリーズのもう一人の共同代表者ラネア・ランバードと理事の面々は常に後押しをしてくれた。日本から発信した僕のブログの読者の方々の反応は、僕が一人ではないことを感じさせてくれた。そして、この旅の道程において、諸経費を支払うための基金にご寄付いただいた方々には最上級の感謝と謝意を表する。

ページを繰っていただくと多彩な物語の輪が広がっている。僕の人生と触れ合ってくれた人たちのことを、読者の皆さんにも少し知っていただけるだろう。それらの方々なしで本書はできなかった。英治出版の編集者、高野達成氏は、このプロジェクトに快く賛同して協力してくださった。豊島瑞穂氏は翻訳を快諾してくれた。また、野村恭彦氏はこの本の執筆を促してくれ、監訳者として寄り添ってくれた。それぞれの方々に心より感謝を捧げる。

ベルカナ研究所に在籍していた頃に出会い、共に働いた世界中の若きリーダーたちから学んだことがなければ、この本を書き上げることはできなかった。彼らが共にいてくれることで、活き活きと在るということについて、とても多くのことに気づかされた。その一人はジンバブエのクファンダ・ラーニング・ビレッジの設立者であるマアイアンヌ・クヌース。またもう一人は、同じくすばらしい研究所であるインドのシクシャンターの共同設立者、マニッシュ・ジェインだ(26)。

西園寺由佳氏の絶えざる励ましのおかげでこの本はできた。彼女はその厚い洞察と指針をもって寄り添ってくれた。その存在は知恵と優しさ、信念にあふれ、その助言は道を示すコンパスとなった。

そして最後に、僕の人生に深みを与えてくれた以下の方々に謝意を向けなければならない。その第一は、京都のホスト・グランドファーザーである中津川直和氏だ。彼が僕に道をつけてくれた。第二は、僕の大切な友人であるロバート・テオボールドだ。英国の社会経済専門家で未来学者だった。一九六九年に出会って以来、三〇年後の彼の死までロバートと僕は多くの道を共に旅した。互いに非常に多くを学んだ。僕の心の姉、ジョアンナ・メイシーに謝意を捧げる。彼女の鋭い知恵が僕の道を見出すのを助けてくれた。そしてもちろん、僕の親愛なる友であるマーガレット・ウィートリー。人々やリーダーシップに関するその視点は僕を元気づけ鼓舞してくれた。彼女がベルカナ研究所へ僕を引き入れてくれて僕の人生は変わった。

名前をすべて挙げることはできない。一人ひとりの方々に、深く、変わることのない感謝を捧げたい。

ボブ・スティルガー

訳者あとがき――未だここにない出会いのために

ファシリテーター、ダイアローグ・ホスト、フューチャーセッション・デザイナーとして知られる著者ボブ・スティルガー氏。本書は、著者のそうした守備範囲以外でも、多彩な場面《シーン》で活用できるコンテンツを織り込んでいる。それゆえまず、氏を知らない人が一人でも多く本書を手にしていただけるよう訳者は務めた。

訳出上、二〇年程前の故・河合隼雄氏との出会いが訳者にとって参考になった。幾分、不思議な道しるべと思われるかもしれない。少し述べさせていただきたくことをお許し願いたい。

言うまでもなく河合氏は、集合的無意識を日本に紹介したことで知られる。河合氏は、一般にはユング心理学者ということになっている。しかしその存在は、見えない心と現実世界をつなぐファシリテーターそのものだった。そう申し上げれば、本書著者とのつながりを読者もお感じいただけるだろうか。何かを変容させるプロセスを促進させる役割で見ると、著者と河合氏は同じファシリテーターである。

心の変容の源となる集合的無意識の中に「影《シャドー》」という元型《アーキタイプ》概念があるが、それを取り上げた河合氏の『影の現象学』（講談社学術文庫）序文に気になるくだりがある。「国際交流のはげしくなってきた今日においては、……われわれにとって、ますますその深い影の部分の自覚が必要となる」。

さて、訳者が本書原文と日々向き合ってきたこの間、この影のことがずっと脳裏をチラついていて、いったいなぜなのか訳者自身よくわからなかった。責了が近づくころにはますます、この「影」への想いは濃さを増した。その理由がはっきりとわかったのは、「メタストーリー」という語に注釈を付けている時であった。

冒頭で、本書は「メタストーリー」になっている、と著者のボブ・スティルガー氏は言う。メタとは簡単に言って「上位」と訳せる。具体的には、読み手が自分自身を見出すかのような物語《ストーリー》においては、それは誰かの物語なのに（部分的にせよ）自分自身のことを語られているかのような感覚が生じている。だが、読者は常に読み手として全体を俯瞰する眼差しを持つわけで、その視座《まなざし》は「上位」にあることにはなる。それで本書はまず東北の物語ではある。元々、道を見出そうと奮闘する人々の軌跡の物語にはどこか、それを追う方は自分自身の道と重ね合わせざるを得ない要素があるものだ。しかも本書の物語はすべての人の運命を巻き込まずにいられないような特殊な情景にある。追っていく著者自身、「これは僕の物語でもある」と言うのは自然であろう。次に、本書を手にする読者一人ひとりにとっても、同じく否応無しに当事者感覚を抱かざるを得ない要素が本書の物語には多々あるだろうし、実際、個人の人生の物語に影響を受けている方々は少なくないに違いない。また、無論それは東北と運命を共にする日本全体の物語でもある。さながら当然、地球共同体である世界の物語でもある——著者はこういう重層的構造をメタストーリーと言っている。こうして、メタ的位相構造を持つ本書は、私たち誰もの物語となっているのである。

さてその私たち一人ひとりの物語が重なり合い、つながりと成っていくことが、より大きな力へと成長し、やがて変化のうねりと成っていく。そこに、人々が望む未来が創造されるムーブメントに変容する可能性がある。私たち一人ひとりの歩む道がこのように、来るべき未来に直接《ダイレクト》に連なるのだということを、著者はたびたび示唆している。

さらに本書は、欲しい未来を実体化するためのツールや方法を紹介しつつ、「対話《ダイアローグ》」というところみに読者を誘《いざな》う。特に震災直後より、どのようにダイアローグを共有できる「場」が創出されてきたかを、臨場感あふれる筆致で著者は語る。本書でこの場はフューチャーセッションと呼ばれるものである。

フューチャーセッション、すなわち未来をめぐって共に語らう場ではまず、互いに今、心にある物語《ストーリー》に耳を傾け合う。そうしてダイアローグ。最後の収穫の時間では、それら語られた物語およびダイアローグを経て浮上してくるもの、すなわち、成りたい未来のイメージが場に出現するのを場にいる私たちは待つ。そのときこの場は、言わば、あらゆる可能性が降り立つ境域（ある物事や世界の範囲や内容、境界域）となっている。そこにいる人たちはその目撃者となるのである。チェックアウトの後は、それを以て成りたい未来のコミュニティの再生のために、私たちはそれぞれのリアリティにおける活動へと向かう……。

ここでだが——そこは未来を招待するあらゆる可能性の場のはずだが、まだ思い出せていないもののはないだろうか？　よく考えると、その場にはいない人たちの物語が語られることがないままになっていないだろうか。今日たまたまそこに参加しなかった人たちのことではない。そこには来ない、あるいは来られない人たちと言い換えてもいいのかもしれない。メタ的位相構造を持つ本書は、私たち誰もの物語となっているのだが、それでもそのフレームワークに決して入って来ない人たちが、確実にいるのだ。そこに、その場では決して語られない物語が「影」となってあるのではないだろうか……。

未来について考えるということは生について考えることだろう。ところで、震災後に次のように語っている方がいた。

「死について考えるということは、同時に生について考えるということであり、死だけを切り取って考えるという思考回路は本来ないはずである」（矢作直樹、坂本政道『死ぬことが怖くなるたった一つの方法』（徳間書店、二〇一一年）より）

「死／生」を「生／死」と置き換えて読んでみると、同じことを反対から見ているのではないだろうか。それは、場に来ない人はもちろん、亡くなった人のこともどれだけリアリティをもって考えられるか、と想う感覚と近いのではないだろうか。そういうことに思いを馳せていくと、本書にある被災地の方々の物語《ストーリー》が、そこに語られた重さはもちろん、語られることのなかった影とセットになって圧倒的に迫ってくる。訳者としては、その影と共にある私たち、という感覚が、訳者の言葉の選びに大切なものと感じられた次第である。

そして、私たちが望む未来を考える時に、今・ここにいない方々の視点をも想うのである。おそらくその方々は、河合氏の言う影の力を担っているのではないだろうか。著者がめざすレジリエントな社会とはもちろんここにいない人をも排除しない。場に来ることができる私たちは、そこには来ない人と共にある自分たちとしてそこに在る。その意識を持つ私たちが、誰もがそれぞれの場にいながら共に在れるような、そういう社会を願っているということだと思う。何らかの理由・背景により声を出せない人／目に見えて立ち上がる行動を取れてない人・取らない人・あるいは許されない場合、なおかつ〝聖なる存在〟も、同時に存在してても別にいいだろう。

著者の親しい友人で、ファシリテーターの神様と呼ばれるアダム・カヘン氏の著書『社会変革のシナリオ・プランニング』（英治出版、二〇一四年）の解説で、本書にも登場する小田理一郎氏は、「合理性だけに頼っている方法論は現在持っている知識の範囲を超えて認識したり、あるいは状況変化の意味合いを理解することが苦手」であると言っている。これは、未来とは、対話の場に来る意思を持つ合理精神だけで創られるわけではない、ということにつながると考えてもよいだろうか。

そんなユルさの受容もまた、私たちがこれから求めていく社会の一部であっていい。本書では明瞭には言及されていないものの、「ご先祖さま」を敬う心や「これからは死者のために生きるだろう」という被災された方の想いの中にも、そういう〝影の存在〟は抱擁されている。河合氏に依れば、「光」と「影」がつながる時、ホンモノの変容が起こるという。存在の影の耐えられない重さ、それを想うところに本質的な変容への鍵があるということだろうか。

それゆえ、本書の読者としては第一に『社会を変えようと活動しているすべての方々』であるが、そうしてまた、表に見えないすべての人たちにも少しでも近づけるよう訳者なりに腐心した。

蛇足だが訳者においては、適切な言葉を抽出する作業において、本書が紹介するさまざまな方法に助けられたのは意外だった。迷いや混乱や、また、湧き起こる想いに疲れそうになった時に、こうした対話の手法を内面に適用することで、整理できた。紹介されている手法はどれもシンプルで、すぐ実践でき、強力である。複雑さの中にある本質を見出し、自分が持っているものですぐ実践できるものばかりだからだろう。

このことから、外的な場面での道具《ツール》であるこれらのスキルは、時に人の内面の想いの領域にも応用できるように思える。また、もし内面の世界に行動の世界のスキルが参考になるとするならば、逆も真なりではないだろうか――という推測は、いささか単純化に過ぎるだろうか。ぜひ、心の分野や各福祉を専門とする方々、さらには教育の現場に関わる方々なども本書を手にして、このあたりを適切に応用化していただければと願う。

つながりのミッシングリンクが回復されることでより社会の全体性に近づくことができる。多様な分野の方々が本書をお読みいただき、専門性を社会とご共有くださって、ぜひまだ出会っていない社会のここかしこをつないでいただけたらと思う。未だここにない出会いのために。そういうコンテンツを著者は提供してくれている。

豊島　瑞穂

参考書籍

本書で紹介した手法についてさらに理解を深めたい人のための参考書籍を挙げる。

◆ 野村恭彦『フューチャーセンターをつくろう——対話をイノベーションにつなげる仕組み』プレジデント社、2012 年
◆ ウッディー・ウェイド『シナリオ・プランニング——未来を描き、想像する』野村恭彦監訳、関美和訳、英治出版、2013 年
◆ アダム・カヘン『手ごわい問題は、対話で解決する——アパルトヘイトを解決に導いたファシリテーターの物語』株式会社ヒューマンバリュー訳、ヒューマンバリュー、2008 年
◆ アダム・カヘン『未来を変えるためにほんとうに必要なこと——最善の道を見出す技術』由佐美加子監訳、東出顕子訳、英治出版、2009 年
◆ アダム・カヘン『社会変革のシナリオ・プランニング——対立を乗り越え、ともに難題を解決する』小田理一郎監訳、東出顕子訳、英治出版、2014 年
◆ C・オットー・シャーマー『U 理論——過去や偏見にとらわれず、本当に必要な「変化」を生み出す技術』中土井僚、由佐美加子訳、英治出版、2010 年
◆ 中土井僚『人と組織の問題を劇的に解決する U 理論入門』PHP 研究所、2014 年
◆ ピーター・センゲ、C・オットー・シャーマー、ジョセフ・ジャウォースキー、ベティー・スー・フラワーズ『出現する未来』野中郁次郎監訳、高遠裕子訳、講談社、2006 年
◆ デヴィッド・ボーム『ダイアローグ』金井真弓訳、英治出版、2007 年
◆ マーガレット・J・ウィートリー『リーダーシップとニューサイエンス』東出顕子訳、英治出版、2009 年
◆ フランシス・ウェストリー、ブレンダ・ツィンマーマン、マイケル・クイン・パットン『誰が世界を変えるのか——ソーシャルイノベーションはここから始まる』東出顕子訳、英治出版、2008 年
◆ アニータ・ブラウン、デイビッド・アイザックス『ワールド・カフェ——カフェ的対話が未来を創る』香取一昭、川口大輔訳、ヒューマンバリュー、2007 年
◆ ダイアナ・ホイットニー、アマンダ・トロステンブルーム『ポジティブ・チェンジ——主体性と組織力を高める AI』株式会社ヒューマンバリュー訳、ヒューマンバリュー、2006 年
◆ ハリソン・オーエン『オープン・スペース・テクノロジー——5 人から 1000 人が輪になって考えるファシリテーション』株式会社ヒューマンバリュー訳、ヒューマンバリュー、2007 年
◆ マーヴィン・ワイスボード、サンドラ・ジャノフ『フューチャーサーチ——利害を越えた対話から、みんなが望む未来を創り出すファシリテーション手法』香取一昭訳、ヒューマンバリュー、2009 年
◆ マーヴィン・ワイスボード、サンドラ・ジャノフ『会議のリーダーが知っておくべき 10 の原則——ホールシステム・アプローチで組織が変わる』金井壽宏監訳、野津智子訳、英治出版、2012 年

14 ABCD 研究所は米国および世界各国におけるこの仕事の継続の拠点となっている。詳細：http://www.abcdinstitute.org

15 このイニシアチブはブラジルの持つ豊かなエネルギーを用いたもので、我々は我々が愛することをするべきだという主張を教えてくれている。

16 著者の "Enspirited Leadership" の要旨は以下で読むことができる。 http://www.enspirited.newstories.org

17 C・オットー・シャーマー『U 理論』（中土井僚、由佐美加子訳、英治出版、2010 年）。また、プレゼンシングインスティチュートコミュニティージャパンのサイトにはいろいろと役立つ情報があるので参考にされたい。http://www.presencingcomjapan.org

18 カネヴィン・フレームワークの概要については以下を参照されたい。http://www.cynefin.newstories.org

19 本出版物は以下のサイトで全編入手できる。http://www.alive.newstories.org

20 ワールド・カフェのサイトですばらしい資料 The Art of Powerful Publications を閲覧可能。http://www.theworldcafe.com/store.html

21 ETIC. は災害発生の直後から東北で卓越した活動を行っている。日本全国での彼らの活動については以下を参照されたい。http://www.etic.or.jp

22 親しい友人であるクリスティーナ・ボールドウィンとアン・リニアは、ウェブサイト http://www.peerspirit.com でサークルについての見方や出典を豊富に掲載している。

23 アプリシエイティブ・インクワイアリーは今日ではよく知られており世界中で実践されている。その先駆者による以下のサイトは優れた情報源となっている。www.appreciativeinquiry.cwru.edu

24 アニータ・ブラウンとディヴィッド・アイザックスは、自らを「共同創設者（co-founders）」ではなく「共同発見者（co-finders）」であると謙虚に述べている。ある雨の降る午後、居間で彼らと友人らが発見したという。クリスティーナとアン（原注 25 参照）同様、ディヴィッドとアニータは良い友人で何年にもわたり共に歩んでいる。その仕事は www.theworldcafe.com を参照されたい。

25 オープン・スペース・テクノロジーを実践する大きなコミュニティがある。参照されたい。http://www.openspaceworld.org

26 これらの研究所については http://www,kufunda.org と http://www.swaraj.org/shikshantar/ でその精力的活動を参照されたい。

原注

1 KEEP（The Kiyosato Educational Experiment Project；清里教育実験計画)。1938年にポール・ラッシュ博士によって始められた。清泉寮はその拠点で変革的会合の使用にたびたび供されている。2011年、キープ協会はNPOミラツクおよびベルカナ研究所とパートナーとなり、5つの ユースコミュニティ・リーダーシップ・ダイアログ（http://emerging-future.org/site/ycl_dialog.html）を主宰した。詳細：http://www.keep.or.jp/about/ および http://www.seisenryo.jp/

2 本書ではしばしば、フューチャーセンターおよびフューチャーセッションに言及する。フューチャーセッションは協同的行動を誘発するような対話を用いる方法論であり、ある特定のアプローチである。株式会社フューチャーセッションズが当該アプローチを日本において推進している。さらなる情報は以下で入手できる。http://www.futuresessions.com

3 アート・オブ・ホスティングは有意義な対話・会話を生み出す手法。また、その手法を互いに高め合うためのグローバルな実践者コミュニティを指す。

4 ベルカナ研究所は米国の非営利組織。1990年代前半、リーダーシップの理解に初めてリビングシステムアプローチを用いた『リーダーシップとニューサイエンス』（東出顕子訳、英治出版、2009年）の著者マーガレット・ウィートリーらが設立。著者は2005～2009年に共同代表を務めた。http://www.berkana.org

5 ニューストーリーズは著者が2000年に設立した米国の非営利組織。その活動は、世界と人生について我々が語る物語を変えることで世界を変えられるというアイデアに基づいている。著者は現在は共同代表となっている。http://www.newstories.org

6 著者は、災害発生後間もなく、地球共同体の読者に発信するブログ Resilient Japan を開設した。以下に全記事がある。http://www.newstories.org/category/resilient_japan/

7 地元学について詳しくは以下を参照。http://i-i-net.blogspot.jp/2009/02/jimotogaku-based-on-what-we-have-here-1.html

8 ティルスというムーブメントに関する簡単な歴史は次のサイトで入手できる。http://seattletilth.org/about/abriefhistoryoftilth. また Wendell Berry と著者（当時25歳）の映像が http://bit.ly/wendell_bob_1974 にある。

9 レオス・パートナーズ は世界中で変化のイニシアチブと協働する社会的企業である。詳細：http://www.reospartners.com

10 21世紀の最初の10年間がその終わりに近づいた時、南アフリカの状況はより緊張に満ちたものになりつつあった。アパルトヘイト政策の終焉とすべての国民の繁栄への約束は、なお遠い道程に見えた。これを非難する文化も醸成されつつあったが、ディノケン・シナリオがこれを変容する助けとなった。詳細：http://www.dinokengscenarios.co.za

11 ノサ・サンパウロの継続的な努力は市民社会におけるすばらしい努力の一例である。詳細：http://www.nossasaopaulo.org.br/portal/node/9639

12 初期のコミュニティの未来プログラムについて、より詳しくは以下を参照されたい。http://www.altfutures.org

13 このテレビ番組は誠にすばらしい。詳細：http://www.soulcity.org.za/projects/kwanda

著者

ボブ・スティルガー　Bob Stilger

ニュー・ストーリーズ共同代表、社会変革ファシリテーター。1970年に早稲田大学に留学。アメリカで地域開発の仕事に従事した後、CIIS大学院にて博士号取得。2005～2009年ベルカナ研究所共同代表。地域や組織にイノベーションをもたらす対話の場づくりのプロとして、北米、南アフリカ、ジンバブエ、ブラジル、インドなどで活動。2011年の東日本大震災の発災後はたびたび来日し復興のための対話の場づくりに取り組んできた。

監訳者

野村 恭彦　Takahiko Nomura

株式会社フューチャーセッションズ代表取締役社長、金沢工業大学（K.I.T.）虎ノ門大学院教授、国際大学グローバル・コミュニケーション・センター（GLOCOM）主幹研究員。博士（工学）。富士ゼロックス株式会社にて事業変革ビジョンづくり、新規ナレッジサービス事業KDI立ち上げなどに従事。2012年6月、企業、行政、NPOを横断する社会イノベーションを牽引するため、株式会社フューチャーセッションズを立ち上げる。著書に『フューチャーセンターをつくろう』、『イノベーション・ファシリテーター』（いずれもプレジデント社）、監訳書に『シナリオ・プランニング』、『発想を事業化するイノベーション・ツールキット』（いずれも英治出版）などがある。

訳者

豊島 瑞穂　Mizuho Toyoshima

東京都出身、2001年より京都在住。外資系投資銀行，英字総合誌記者，心理学研究所を経てフリーのエディター＆インタビュアー。『KYOTO JOURNAL』（www.kyotojournal.org）のコンサルティング・エディター、その他、カウンセリング分野の活動にも携わっている。

●英治出版からのお知らせ

本書に関するご意見・ご感想をE-mail（editor@eijipress.co.jp）で受け付けています。
また、英治出版ではメールマガジン、ブログ、ツイッターなどで新刊情報やイベント情報を配信しております。ぜひ一度、アクセスしてみてください。

メールマガジン ： 会員登録はホームページにて
ブログ ： www.eijipress.co.jp/blog/
ツイッターID ： @eijipress
フェイスブック ： www.facebook.com/eijipress

未来が見えなくなったとき、僕たちは何を語ればいいのだろう

震災後日本の「コミュニティ再生」への挑戦

発行日　2015年　6月10日　第1版　第1刷

著者　ボブ・スティルガー
監訳者　野村恭彦（のむら・たかひこ）
訳者　豊島瑞穂（とよしま・みずほ）

発行人　原田英治
発行　英治出版株式会社
〒150-0022 東京都渋谷区恵比寿南1-9-12 ピトレスクビル4F
電話　03-5773-0193　FAX　03-5773-0194
http://www.eijipress.co.jp/
プロデューサー　高野達成
スタッフ　原田涼子　岩田大志　藤竹賢一郎　山下智也　鈴木美穂　下田理
田中三枝　山見玲加　安村侑希子　山本有子　茂木香琳
上村悠也　平井萌　足立敬　秋山いつき　君島真由美
印刷・製本　中央精版印刷株式会社
校正　株式会社ヴェリタ

ISBN978-4-86276-186-6　C0030　Printed in Japan